平成の天皇・皇后両陛下　珠玉のおことば

平成19年(2007)12月7日、天皇陛下のお誕生日をまえに
皇居東御苑の紅葉を楽しまれる両陛下（宮内庁提供）

平成17年6月5日、茨城県潮来市で行われた第56回全国植樹祭にて。
両陛下を歓迎して打ち振られる日の丸に笑顔で応えられた（水郷県民の森）

平成 21 年 9 月 26 日、新潟県新潟市で行われた第 64 回国民体育大会開会式にて
（東北電力ビッグスワンスタジアム）

平成3年9月26日から10月6日にかけ、両陛下はご即位後初めての外国ご訪問となるタイ、マレーシア、インドネシアを回られた。写真は9月28日、タイのスコータイ歴史公園にて

平成14年7月6日から20日にかけては初の東欧ご訪問に臨まれ、ポーランド、ハンガリー、チェコ、オーストリアを旅された。写真は7月17日、ハンガリーのヴィシェグラードにあるエステルゴム大聖堂にて。視察を終えた両陛下は集まっていた子供たちとの交流を楽しまれた

平成18年10月29日、佐賀県東与賀町で行われた第26回全国豊かな海づくり大会にて。ご自身で放流された稚魚が勢いよく泳ぐ様子を見守られた

平成18年5月8日、こどもの日にちなみ、東京都新宿区の二葉乳児院を訪問された両陛下。おもちゃで遊ぶ子供たちに向けられた眼差しがおやさしい

平成20年4月7日、日本ブラジル交流年・日本人ブラジル移住100年にちなみ、日系ブラジル人の子弟が多く学ぶ群馬県太田市立野沢中央小学校を訪問された両陛下。両陛下は日系の方々の幸福を常に願ってこられた

平成25年5月26日、特別養護老人ホームゆうらくを訪問された両陛下。
お見送りのために集まったお年寄りに手を上げて近寄られた（鳥取県南部町）

平成3年7月10日、雲仙・普賢岳噴火の被災地を見舞われた両陛下。両陛下としての初めての被災地訪問であった（長崎県島原市）

平成7年1月31日、阪神・淡路大震災の被災地で被災者を励まされる両陛下（兵庫県神戸市）

平成5年7月27日、北海道南西沖地震の被災地、奥尻島を見舞われた両陛下

平成23年4月27日、両陛下は東日本大震災の被災地、宮城県南三陸町を訪問し、町立伊里前小学校の校庭から津波で被害を受けた市街地に向かって黙礼された

平成5年4月23日、歴代天皇として初めて沖縄を訪れ、
ひめゆりの塔で献花される両陛下（糸満市）

平成17年6月28日、戦後60年に当たってサイパン島を訪問された両陛下。
多くの人が身を投じたスーサイドクリフで海に向かって黙祷を捧げられた

平成10年3月11日、長野パラリンピックのアイススレッジスピードレースご観戦の折、突如としてわき起こったウエーブに参加された皇后さまと、そのご様子を笑顔で見守られる天皇陛下（長野市・エムウェーブ）

平成10年2月7日、長野オリンピックの開会式に臨席され、人々からの歓迎に手を振ってお応えになる両陛下（長野市・長野オリンピックスタジアム）

平成29年4月20日、春の園遊会にて（東京都港区・赤坂御苑）

平成17年11月12日、ご結婚に際しての「朝見（ちょうけん）の儀」で、紀宮さまにおことばを述べられる皇后さまと、お二人を見守られる天皇陛下（皇居・宮殿「松の間」／宮内庁提供）

昭和56年4月、紀宮さまの12歳のお誕生日用に撮影されたもの。皇后さまと紀宮さまのご関係がしのばれて心温まる一枚（東宮御所にて／宮内庁提供）

平成17年10月7日、御所の御進講室にて（宮内庁提供）

平成17年2月2日、葉山御用邸近くの小さな岬「小磯の鼻」を
仲睦まじいご様子で散策される両陛下（神奈川県葉山町）

平成22年3月26日、京都御苑にある
近衛邸跡で糸桜をご覧になる両陛下

平成23年12月22日、御所で日本地図をご覧になる両陛下。地図につけられたピンは両陛下が訪問された場所を表している。ピンの色は6種類あり、赤色は両陛下でのご訪問、白色が陛下お一方でのご訪問、黄色が皇后さまお一方でのご訪問、皇太子・同妃両殿下時代にご一緒に訪問された場所は青色、陛下お一方でのご訪問は緑色、皇后さまお一方でのご訪問は桃色となっている（宮内庁提供）

平成31年1月2日、平成最後の新年一般参賀にお出ましになった両陛下。国民とのお別れを惜しむように、5回のお出ましの予定を急遽7回に増やして長和殿のベランダに立たれた（皇居・宮殿）

平成の天皇・皇后両陛下　珠玉のおことば　目次

第五章　こころに沁みるおことば

参考文献

『皇太子同妃両殿下御歌集　ともしび』
『皇后陛下御歌集　瀬音』
『天皇陛下　御即位十年記念記録集　道』
『皇后陛下お言葉集　歩み』
『天皇陛下　御即位二十年記念記録集　道』
季刊誌『わたしたちの皇室』
季刊誌『皇室　Our Imperial Famiry』

凡例

＊天皇・皇后両陛下ならびに紀宮さまのおことばはすべて宮内庁ホームページと下記参考文献よりの引用です。
＊第一章～第四章ならびにコラム「両陛下と紀宮さま」では、文章の途中から引用を開始した場合のみ（前略）で表記しています。引用開始から終了までに省略した箇所がある場合は（中略）で表記しています。引用した箇所が句点で終了している場合、（後略）の表記はつけていません。

はじめに

天皇・皇后両陛下はご即位以来、毎年、お誕生日になるとおことばを発表してこられました。また、ご即位後10年、20年、あるいはご結婚50年といった節目の年にはお二人そろっての会見に臨まれ、折々のお気持ちを述べてこられました。

ご公務への取り組まれ方、皇室や伝統についてのお考え、辛い境遇を生きる人たちへ寄せられるお気持ち、平和を願われるお心、そして家族を慈しみ、お互いを思いやるおことばの数々……。真摯に率直に、時にユーモアやとっておきのエピソードを交えて語られるおことばを拝読していると、いつの間にか心が落ち着き、素直な気持ちになっていることに気がつきます。

天皇陛下はご在位中の30年間にわたって日本中を回り、47都道府県を二巡されました。行かれる先々で人々と気さくに言葉を交わし、人々の思いや土地柄を理解しようと努めてこられました。特に地震や大雨などの被害にあった被災地へは何度も訪問され、被災者を励まし続けるとともにその後の復興の行く末も見守ってこられました。遠隔地や離島へも足を運ばれました。国民と国を思い、国民のために祈ることが天皇としての務めであるとの思いをお持ちだったからです。

この国の〝中心〟に公平無私な心ですべての国民の幸せを祈ってくださっている人がいる――このことを思うとき、両陛下のおことばがまっすぐに胸に響いてきます。

かつて皇后さまは「皇室は祈りでありたい」と述べられました。また皇后さまとしての最後のお誕生日のおことばでご譲位後の陛下について、「(前略) それまでと変わらず、国と人々のために祈り続けていらっしゃるのではないでしょうか」と綴られました。平成の30年間にわたって両陛下が私たちに贈ってくださった珠玉のおことばをずっと忘れないでいたいと思います。

平成31年4月10日
扶桑社『皇室』編集部

第一章

歩みを振り返られるおことば

ご結婚50年に際しての記者会見で、皇后さまは天皇陛下のことを「誠実で謙虚な方」とおっしゃいました。陛下の会見では「象徴として」というフレーズが何度も登場します。ご即位後、陛下はずっと象徴天皇としていかに生きるべきかを問い続けながら歩んでこられました。常にご自分に厳しい目を向け、ご自分を律しながら、国民の期待に応えようと天皇としての務めに全身全霊で取り組んでこられたのです。皇后さまも、同じご姿勢で陛下を支えてこられました。

また両陛下は「平成流」と呼ばれるご公務のスタイルを確立された一方、皇室が長い歴史の中で培ってきた伝統を大切にしてこられました。先達や歴史に学びつつも、今という時代に求められていることに果敢に取り組む――両陛下の深い内省から生まれたおことばは、私たちに謙虚な気持ちと人生の指針を与えてくれます。

■自分を見つめて

常によりよいものを求めていくこと、よりよい在り方を求めていくこと

（平成4年／1992年12月21日　天皇陛下お誕生日記者会見より。ご即位後4年が経ち、ご自身の皇室像について尋ねられて）

天皇陛下　今までやってきたことを見ていただければ分かるのではないかと思います。しかし、こういうものは常に自分を省みながら、また国民の期待しているものを念頭に置きながら常によりよいものを求めていくこと、よりよい在り方を求めていくということが必要だと思います。ですから、今後とも常にそのような方法で努めていきたいと思っています。

どのような批判も、自分を省みるよすがとして

（平成5年　皇后陛下お誕生日文書ご回答より。マスコミの皇室批判記事について）

皇后陛下　どのような批判も、自分を省みるよすがとして耳を傾けねばと思います。今までに私の配慮が充分でなかったり、どのようなことでも、私の言葉が人を傷つけておりましたら、許して頂きたいと思います。
しかし事実でない報道には、大きな悲しみと戸惑いを覚えます。批判の許されない社会であってはなりませんが、事実に基づかない批判が、繰り返し許される社会であって欲しくはありません。幾つかの事例についてだけでも、関係者の説明がなされ、人々の納得を得られれば幸せに思います。

優しくありたいと願いながら、疲れや悲しみの中で、堅く、もろくなっていた自分の心を恥ずかしく思い

（平成6年6月3日　アメリカご訪問前記者会見より。失語症を患われていた間のお気持ちと、ご回復後初めての外国ご訪問について）

皇后陛下　言葉を失うということは、あまりにも予期せぬことでしたので、初めはその現実を受けとめることが私にできる精一杯のことでした。この段階で、

金沢教授が行き届いた配慮をしてくださり、また、陛下や紀宮が、話すことのできない私と、全く変わりなく日常の生活を続けてくださったことは、この上ない慰めでございました。言葉を失ったことへの不安と悲しみが日に日に大きくなり、発声や発語の練習に励む一方、回復への希望を失いかけた時期もありました。そのような時に、多くの方々から励ましの言葉を頂き、深い感謝に潤される中で、自分を省み、苦しみの持つ意味に思いをめぐらすゆとりを得ることができました。優しくありたいと願いながら、疲れや悲しみの中で、堅く、もろくなっていた自分の心を恥ずかしく思い、心配をおかけしたことをお詫びし、励ましてくださった大勢の方々に厚く御礼を申し上げます。この度の長い旅行の日程に、全く不安を感じていないと申すことはできませんが、つつがなく務めを果たせるよう、体に気をつけてお供をさせて頂きます。

複雑さに耐えて生きていかなければならない

（平成10年　第26回IBBYニューデリー大会において
ビデオメッセージとして述べられた「子供時代の読書の思い出」より）

皇后陛下　読書は、人生の全てが、決して単純でないことを教えてくれました。私たちは、複雑さに耐えて生きていかなければならないということ。人と人との関係においても。国と国との関係においても。

何度も戸惑い、恐れ、時に喜びつつ、若い日々を過ごしてまいりました

（平成13年　皇后陛下お誕生日文書ご回答より。両陛下が築き上げてこられた皇室の役割が若い世代にどのように引き継がれていくことを望まれるかと尋ねられて）

皇后陛下　結婚後間もなく、皇后陛下が名誉総裁をお務めになる日本赤十字社に名誉副総裁として迎えて頂きましたが、こうして20代の若い日に赤十字活動に触れたことは、私をその後、福祉に関する多くの人々との出会いに導いてくれたように思います。（中略）

ふり返りますと、社会の中で沢山の新しいことが、手探りのようにして始められていた時代であったように思われます。私自身は、こうした様々な社会の

新しい動きの中で、先駆者達の姿に目を見張り、その言葉に聞き入り、常に導かれる側にあって歩いてまいりました。

新しい活動が始められる段階は、常に危うさを伴い、どこか不安定な感じもあるのですが、初期にしかない熱気や迫力もあり、わずかずつでもそうした活力に触れることの出来たことは、得難い経験であったと思います。

時代は常に移り変わっており、それぞれの時代にその時々の社会の要請があります。陛下も私も、そうした要請の中で、何度も戸惑い、恐れ、時に喜びつつ、若い日々を過ごしてまいりました。若い世代の人々は、私たちの、また、私たち世代の力の足りなかった部分も含めて、より多く過去から学ぶことが出来るでしょう。皇室の伝統から学ぶとともに、常に社会の新しい要請を受け止め、人々と困難をともにしつつ、新しい時代を築いていって欲しいと願っています。

国や国民のために尽くすことが、国民の期待にこたえる道

(平成19年5月14日　スウェーデン、エストニア、ラトビア、リトアニアご訪問前記者会見より。
これまで直面した最も厳しい挑戦や期待はどのようなものであったか、
またそれらにどのように対応されてきたかの問いに対するご回答)

天皇陛下　振り返ると、即位の時期が最も厳しい時期であったかと思います。日本国憲法の下で行われた初めての即位にかかわる諸行事で、様々な議論が行われました。即位の礼は、皇居で各国元首を始めとする多くの賓客の参列の下に行われ、大嘗祭も皇居の東御苑で滞りなく行われました。これらの諸行事に携わった多くの人々に深く感謝しています。また皇后が、この時期にいつも明るく私を支えてくれたことはうれしいことでした。

私は、国民の幸せを願ってきた昭和天皇を始め歴代天皇の伝統や、天皇は日本国の象徴であり日本国民統合の象徴であるという憲法の規定を念頭に置きながら、国や国民のために尽くすことが、国民の期待にこたえる道であると思っています。

今日、大勢の人々に励まされながら、このような天皇の務めを果たしていることを、幸せなことと思っています。

言葉では表し得ない日本への愛情

（平成19年5月14日　スウェーデン、エストニア、ラトビア、リトアニアご訪問前記者会見より。外国ご訪問を含めた国際交流について）

皇后陛下　（前略）これまで陛下とご一緒に52か国を公式に訪問してまいりましたが、そのうち16か国を訪問するころまでは、出産があったり、子どもが小さかったりで、国内の公務の間を縫うようにして執り行われるこのような旅は、もう自分には続けられないのではないかと心細く思ったこともありました。ともあれ、陛下とご一緒に一回一回経験を重ね、その都度経験したことに思いを巡らせ、また心を込めて次の旅に臨むということを繰り返してまいりました。これらの訪問を通じ、私の自国への認識と、言葉では表し得ない日本への愛情が深まり、この気持ちを基盤として、他の国の人々の母国に対する愛情を推し測っていくようになったと思います。今、どの旅も、させていただけたことを本当に幸せであったと思っております。

祈ったり、時に子どもっぽいおまじないの言葉をつぶやいてみたり

（平成19年5月14日　スウェーデン、エストニア、ラトビア、リトアニアご訪問前記者会見より。これまで直面した最も厳しい挑戦や期待はどのようなものであったか、またそれらにどのように対応されてきたかの問いに対するご回答）

皇后陛下　（前略）結婚後新しい生活に入り、多くの要求や期待の中で、一つの立場にある厳しさをことごとく感じる日々にあっても、私がそれをプレッシャーという一つの言葉で認識したことは無かったように思います。ただ人々の期待や要求になかなかこたえきれない自分を、悲しく申し訳なく思う気持ちはいつも私の中にあり、それは当時ばかりでなく、現在も変わることはありません。

また事に当たっての自分の判断になかなか自信が持てず、これで良いのかしらと迷うことも多く、ある時のある事件が自分にとり大きな挑戦であったという以上に、自分の心の中にある悲しみや不安と折り合って生きていく毎日毎日が、私にとってはかなり大きな挑戦であったと言えるかもしれません。

心が悲しんでいたり不安がっているときには、対応のしようもなく、祈った

り、時に子どもっぽいおまじないの言葉をつぶやいてみたりすることもあります。不思議に悲しみと不安の中で、多くの人々と無言のうちにつながっているような感覚を持つこともあります。この連帯の感覚は、本当に漠然としたもので、錯覚にすぎないのかもしれませんが、私には生きてきたことのご褒美のように思え、慰めと励ましを感じています。

私たち自身として人々に受け入れられているときに、最も幸せを感じている

（平成19年5月14日　スウェーデン、エストニア、ラトビア、リトアニアご訪問前記者会見より。ご身分を隠して1日を過ごすことができたら、どちらにお出かけになりたいかと尋ねられて）

天皇陛下　（前略）皇后も私も身分を隠すのではなく、私たち自身として人々に受け入れられているときに、最も幸せを感じているのではないかと感じています。

本の立ち読みをしてみたいと思います

（平成19年5月14日　スウェーデン、エストニア、ラトビア、リトアニアご訪問前記者会見より。ご身分を隠して1日を過ごすことができたら、どちらにお出かけになりたいかと尋ねられて）

皇后陛下　（前略）以前東京子ども図書館の会合にお招き頂いたときに、当日の出席者を代表して、館長さんから「かくれみの」を頂きました。日本の物語に時々出てくるもので、いったんこれを着ると他人から自分が見えなくなる便利なコートのようなもので、これでしたら変装したり、偽名を考えたりする面倒もなく、楽しく使えそうです。皇宮警察や警視庁の人たちも、少し心配するかもしれませんが、まあ気を付けていっていらっしゃいと言ってくれるのではないでしょうか。まず次の展覧会に備え、混雑する駅の構内をスイスイと歩く練習をし、その後、学生のころよく通った神田や神保町の古本屋さんに行き、もう一度長い時間をかけて本の立ち読みをしてみたいと思います。

アナウンサーがこんなに分かりやすく話してくれているのか

（平成22年12月20日　天皇陛下お誕生日記者会見より。ご自身の加齢について）

天皇陛下　自動車で道を通っているときに、よくお大事にと声を掛けられます。多くの人々が私の健康を気遣ってくれていることに深く感謝しています。

加齢のことですが、耳がやや遠くなり、周囲の人には私に話をするときには少し大きな声で話してくれるように頼んでいます。テレビのニュースなどで、アナウンサーの話していることは分かるのですが、他の人の会話はかなり字幕に頼ります。アナウンサーがこんなに分かりやすく話してくれているのかということを、以前は考えたこともありませんでした。（中略）

私も高齢者の一人として、私の経験した加齢現象の一端に触れましたが、加齢による症状には、年齢の若い人にはなかなか想像のしにくいことがたくさんあるのではないかと思います。高齢化が進む今日の社会において、高齢者への理解がますます進み、高齢者へ十分配慮した建物や町が整備されていくことを切に願っています。

自分でもおかしがったり、少し心細がったり

（平成22年　皇后陛下お誕生日文書ご回答より。ご高齢になられたことについて）

皇后陛下　私自身は、これまで比較的健康に恵まれて来ましたが、この数年仕事をするのがとてものろくなり、また、探し物がなかなか見つからなかったりなど、加齢によるものらしい現象もよくあり、自分でもおかしがったり、少し心細がったりしています。

心身の衰えを自覚し、これを受け入れていくことと、これに過度に反応しすぎないこととのバランスをとっていくことは容易ではなく、自分が若かった頃、お年を召した方々が「この年になってみないと分からないことがいろいろあるのよ」とよく云っておられたことを、今にして本当にその通りだと思います。

■仕事について

日本国民統合の象徴として

（平成2年12月20日　天皇陛下お誕生日記者会見より。平成の皇室の今後の在り方、抱負を尋ねられて）

天皇陛下　国民の幸せを念頭におき、たゆまずに天皇の道を進んでいらっしゃった昭和天皇をはじめとする、これまでの天皇に思いをいたし、日本国憲法に定められている日本国の象徴であり、日本国民統合の象徴として現代にふさわしく天皇の務めを果たしていきたいと思っています。

その時々に自分に求められることを、一つ一つ果たしたい

（平成3年9月20日　タイ、マレーシア、インドネシアご訪問前記者会見より。国際社会におけるご自身の役割を尋ねられて）

皇后陛下　私は、何よりもその時々に自分に求められることを、一つ一つ果たしたいと思っています。それと同時に、国際的な様々な分野で働かれる人々の仕事に常に注意を向け、長い期間にわたって見守り、精神的支援を続けていくことも私どもの大切な役目だと思っております。

少しでも役立ちたい

（平成3年9月21日　タイ、マレーシア、インドネシアご訪問前の招待記者質問へのご回答より。インドネシアの記者から社会（福祉）活動への取り組まれ方を尋ねられて）

皇后陛下　社会活動については、それぞれの分野の人々が一生懸命に働いておりますので、その人々から学び、私に求められることのある時には、少しでも役立ちたいと思い要請に応じることにしております。自分自身の企画を持つというよりも、常に社会の問題に注意を向け、小さいことであっても人々のよい活動を長い期間にわたって見守り、励ます立場をとっています。

せめて訪問する国々の歴史の復習を

（平成5年8月23日　イタリア、ベルギー、ドイツご訪問前記者会見より。ご訪問に当たって特に準備していることを尋ねられて）

天皇陛下　これまでの外国訪問で、準備を十分にしてきたか否かによって訪問の印象が大きく違ったことを経験しています。したがって、この度も訪問地を出来るかぎり知ってから訪問したいと思っておりましたが、今年は事多い日々で、夏も十分に準備に時間を充てることが出来ず、その点は大変心残りです。

皇后陛下　私も残念なことに十分な準備が出来ませんでした。子供たちが学校で使った世界史の教科書をもらってありますので、出発までの間に、せめて訪問する国々の歴史の復習だけでも出来ればと思います。

即位後、出来る限り早い機会に各県を回りたい

（平成6年12月20日　天皇陛下誕生日記者会見より。

ご公務が忙しすぎるのではと尋ねられて）

天皇陛下　皇居で或いは地方を訪問して国の様々な分野の状況を知り、また、各地で社会のために尽くしている人々に会い、心を寄せることは私の大切な務めと思っております。また、即位後、出来る限り早い機会に各県を回りたいと思っております。このことも重要な務めだと思っています。

近年、皇居での行事が非常に増えてきています。外国関係の行事が多くなったからで、ソヴィエト連邦が15の国に分かれるなど、分離独立した国が多くなり、したがって、信任状捧呈式なども増えてきております。今年は、新しい国のカザフスタンとウズベキスタンの両大統領閣下を公式実務訪問として皇居にお迎えしました。このように、国の数が増え、国と国との交流が盛んになっている今日の世界では、いずれの国でも同様の結果になっていることと思います。象徴としての立場から国と国との親善関係の増進に努めることは重要なことと考えますので、一つ一つ心をこめて務めていきたいと思っています。したがって、外国訪問と共に、日常の公務も多くなってきておりますが、これは極めて重要なことと思いますので、心して務めていくつもりです。

国の象徴でおありになる天皇陛下に連なる者として

（平成7年　皇后陛下お誕生日文書ご回答より。女性皇族の役割についてのお考え）

皇后陛下　国の象徴でおありになる天皇陛下に連なる者として、常に身を謹み、行事、祭祀等、皇室の伝統を守りつつ、その時代の社会に内在する皇室の一員として、社会の要請に応え、課せられた務めを果たしていくこと。（一般論としてではなく、私の感じて来た範囲内でお答えいたしました。）

憲法に定められた天皇の在り方を念頭に置きながら

（平成8年12月19日　天皇陛下お誕生日記者会見より。憲法に対するお思いと過去の歴史認識について）

天皇陛下　天皇は日本国憲法によって、日本国の象徴であり、日本国民統合の象徴と規定されています。この憲法に定められた天皇の在り方を念頭に置きながら、私は務めを果たしていきたいと思っております。

過去の歴史を正しく認識することは、非常に大切なことと思います。いかなる歴史を正しいこととするかは考え方によって違うことがあると思いますが、常に公正に真実を求めていく努力を失ってはならないと思います。過去を顧みつつ、将来にわたって日本と世界の国々とが正しく進路を選択していきたいものと念願しています。

時として
リスクを冒さねばならないことも
あるのではないか

（平成10年5月12日　イギリス、デンマークご訪問前記者会見より。両陛下の外交ご訪問の在り方について）

天皇陛下　私どもの健康について心配されたことを感謝いたします。去年の訪問は、国外で最大多数の日系人のいるブラジルとアルゼンティンでした。皇后も誕生日の記者に対する質問に対して答えていますように、広大なブラジルの国土に、日系の人々がそれぞれの地域に分散して活躍しており、その人々を訪問することは、当然の務めであったと思います。

皇后陛下　（前略）今、陛下も仰せになりましたように、あの訪問は私どもの当然の務めでございました。たまたまブラジルとアルゼンティンが日本から遠く、広大な国土の各所に点在して日系人の活躍の拠点があったため、厳しい日程になりましたが、私どもの生活には、大切なことのためには、時としてリスクを冒さねばならないこともあるのではないかと思っています。ヘルペスは痛うございましたが、この訪問を果たした安堵感と喜びは大きく、今、懐かしさと感謝の気持ちのみが残っています。これからの外国訪問につき、今、特に考えていることは何もありません。健康に気を付け、一回一回の陛下の大切なお旅に、心してお供をさせていただくつもりでおります。

それぞれ重要な公的な行事

（平成10年12月18日　天皇陛下お誕生日記者会見より。ご公務の負担軽減に対してのご回答）

天皇陛下　公務が近年非常に多くなっているということは事実です。しかし、それぞれ重要な公的な行事と思いますので、宮内庁の方に「現在と変えるように」というふうに言うつもりはありません。

昭和天皇のお気持ちが分かった

（平成10年12月18日　天皇陛下お誕生日記者会見より。ご在位10年に当たって昭和天皇への思いを尋ねられて）

天皇陛下　昭和天皇のことは、いつも深く念頭に置き、私も、このような時には「昭和天皇はどう考えていらっしゃるだろうか」というようなことを考えながら、天皇の務めを果たしております。やはり、今も質問にありましたように、天皇になってから昭和天皇のお気持ちが分かったというようなものもあります。

陛下のお考えに沿い

（平成12年　皇后陛下お誕生日文書ご回答より。
新世紀における皇室の姿を尋ねられて）

皇后陛下　新しい世紀ということをあまり強く意識することはありません。これからも御神事を始めとし、過去から受けついだしきたりを大切に守りつつ、陛下のお考えに沿い、時代の要請に応えていきたいと思います。

務めであればするのが当然

（平成12年12月20日　天皇陛下お誕生日記者会見より。
ご公務の負担軽減について）

天皇陛下　公務については、私も皇后も務めであればするのが当然だと思って過ごしてきました。終戦後数年ほどの間に様々な制度ができ、ちょうどここ数年はそれらの制度の50周年を迎えています。そのための忙しさが今年などは普通の年よりも多くなってきていると思います。

皇族の立場について 男女の差異はそれほどないと思います

（平成13年12月18日　天皇陛下お誕生日記者会見より。愛子さまご誕生に関し、女性皇族の役割や立場の変化を尋ねられて）

天皇陛下　皇后は、育児のために公務や私の生活に支障を及ぼさないよう常に心遣っていました。また、昭和天皇と香淳皇后が育児を許してくださったことへの感謝と、周囲の人々に助けられて育てているという自覚を常に持っていたことを、私はうれしく思っています。（中略）

皇族の立場について男女の差異はそれほどないと思います。女性皇族の立場は過去も大切であったし、これからも重要と思います。

私人として過ごすときにも、自分たちの立場を完全に離れることはできません

（平成13年12月18日　天皇陛下お誕生日記者会見より。皇室の活動における公私のバランスについて）

天皇陛下　皇族が、プライバシーを保ちつつ、国民の関心にどのようにこたえていくかということは、常に難しい問題だと思います。子供との関係で言いますと、私どもは、極力子供の私生活を守ることに努力してきましたが、一方で、皇室の子供が、健やかに育っているという姿を国民に見せてほしいという要請にもこたえていく義務があると思います。一回一回不安を抱えながら、二人して相談し、宮内庁とも相談してこの問題に対処してきたつもりです。これからは、皇太子夫妻が二人で責任を持って、周囲の意見を聞きつつ判断していってほしいと思っております。（中略）

私が公的立場への自覚を深めたのは、18歳で成年式と立太子礼を挙げ、その後、欧米諸国を旅したころからでありましたが、自分の役割を深く考えるようになったのは、結婚を境にしてでありました。比較的早く3人の父となり、そ

の間に公務も増え、昭和天皇の名代として外国を訪問することもありました。私にとり、家族は大切でありましたが、昭和天皇をお助けし、国際儀礼上の答礼訪問を含め国や社会のために尽くすことは、最も重要なことと考えていました。皇后が私のそのような考えを十分に理解し、また、子供たちにも理解させてきたことを感謝しています。

私どもは、やはり私人として過ごすときにも、自分たちの立場を完全に離れることはできません。ただ、行事などで、立場上の必然性から天皇として臨む場合と、より私的に自分自身を高め充実した自己を作るために臨む場合とに分けられ、その比重は、前者の方に多く掛かっております。

世間から隔離された存在であるとは思いません

(平成14年6月20日　ポーランド、ハンガリーご訪問前記者会見より。皇室は欧州の王室に比べて世間から隔離された存在であるとの指摘についてのご回答)

天皇陛下　私は即位以来、日本国憲法に象徴と定められている天皇のあるべき姿を求めて国民の期待にこたえるよう務めを行ってきました。

お話にあったしばしば旅行をしたり、気軽なイベントに参加したり、町を自転車で走ったりという「より自由な」生活様式を楽しむということも、この観点に立って考えるべき問題だと思います。また国民との関係についても同様です。

ただ今日の日本の皇室が世間から隔離された存在であるとは思いません。確かに1603年から1867年まで続いた江戸幕府下の天皇は、ほとんど京都御所の外に出ることもなく、世間から隔離された存在と言い得ると思います。しかし、明治天皇以後の天皇には各地への巡幸があり、世間から隔離されていたという表現はふさわしくないと思います。

私も即位以来、45の都道府県を回りました。出席する行事の関係で、何回か訪れた県もあります。まだ2県が残っていますが、近いうちにすべての県を回りたいと思っています。国と国民の姿を知り、国民と気持ちを分かち合うことは、象徴の立場から大切なことと考えています。それと共にそのことは私自身の喜びでもあります。

皇后陛下　私も自転車に乗るのは好きで、日光や軽井沢では、時々、陛下や子供たちと街の中のサイクリングを楽しみました。しかし、この交通量の多い東京で私が自転車に乗るとしたら、私もこわいし、周りの人たちもハラハラするのではないかと思います。

気軽なイベントに参加したり、しばしば自由に旅をすることは、確かにこれまで私たちの生活には余りなかったことかもしれません。

私たちの旅行は、その多くが公的な旅行であり、年に4、5回、国内の各地を回ります。日本には離島が多く、また山がちで、僻地も多いので、ある時にはかなりの距離を旅することにもなります。

結婚以来、このような旅を毎年重ね、陛下と私は、これまでに日本全国の都道府県を訪れ、九百余の市町村を訪ねてまいりました。島は20訪ねましたが、まだ行かなくてはならないと思う多くの島が残っています。中には、三宅島のように長く続いている噴火のために着陸することはできず、空中から島の様子を見なければならないような島もありました。

自由な旅というものではなく、疲れを感じることもありますが、日本の各地を知り、様々な分野で働く多くの人々と出会えるこのような旅、また多くの人々と笑顔を交わし合うことのできるこのような旅は、私たちにいつも疲れを上まわる喜びを与えてくれていました。

ゆとりができれば、陛下も私も自由な旅に出ることがあるかもしれません。それでも、これからも私たちは、日本の各地の人々の生活を知るために、これまでどおり公的な旅を続けて行きたいと思っています。

どなたに対しても類型的な皇族像を求めるべきではないと思います

（平成14年　皇后陛下お誕生日文書ご回答より。皇后の役割について）

皇后陛下　皇后の役割の変化ということが折々に言われますが、私はその都度、明治の開国期に、激しい時代の変化の中で、皇后としての役割をお果たしになった昭憲皇太后のお上を思わずにはいられません。

御服装も、それまでの五衣《いつつぎぬ》や袿袴《けいこ》に、皇室史上初めて西欧の正装が加えられ、宝冠を着け、お靴を召されました。そのどちらの御服装の時にも、毅然としてお美しいことに胸を打たれます。外国人との交際も、それまでの皇室に前例のないことでした。新しい時代の女子教育にもたずさわられ、日本初期の留学生、津田梅子、大山捨松、石井筆子始め一人一人の上に、当時の皇后様のお気持ちが寄せられていたと思われます。皇室における赤十字との関係も明治の時代に作られました。

欧化思想とそれに抗する思想との渦巻く中で、日本の伝統を守りつつ、広く世界に御目を向けられた昭憲皇太后の御時代に、近代の皇后のあり方の基本が定まり、その後、貞明皇后、香淳皇后がそれぞれの時代の要請にこたえ、さらに沢山の新しい役割をお果たしになりました。どの時代にも皇后様方のお上に、歴代初めての体験がおありになり、近年では、香淳皇后の、皇后のお立場での外国御訪問が、皇室史上例のない画期的なことでございました。先の時代を歩まれた皇后様方のお上を思いつつ、私にも時の変化に耐える力と、変化の中で判断を誤らぬ力が与えられるよう、いつも祈っています。

これからの女性皇族に何を望むかという質問ですが、人は皆個性を持っていることであり、どなたに対しても類型的な皇族像を求めるべきではないと思います。それぞれの方らしく、御自分の求める女性像を、時と思いをかけて完成していっていただくことが望ましいのではないでしょうか。そして皇室の長い間のしきたりであり、また、日本人のしきたりでもある御先祖のお祀りを皆して大切にし、これまでどおり、それぞれのなさり方で陛下をお支えになって下されば、私は大層心強く思います。

まだ2県が残っています

（平成14年12月19日　天皇陛下お誕生日記者会見より。1年を振り返ってのご感想）

天皇陛下　国内のこととしては、毎年のように全国植樹祭、国民体育大会、全国豊かな海づくり大会などの行事の機会に各地を訪れ、人々に接し、地域の実情に触れることに努めてきました。各地で高齢化が進み、地域の人々には多くの苦労があることと察しています。

今年の豊かな海づくり大会は長崎県で行われ、その機会に、平戸と生月の両島と五島列島の福江市を初めて訪れました。即位後できる限り早い機会に全県を回りたいと考えていましたが、まだ2県が残っています。島についても機会あるごとに島を訪れ、島民に接していきたいと考えています。

与えられた公務を
真摯に果たしていく中から、
新たに生まれてくる公務もある

（平成16年　天皇陛下お誕生日文書ご回答より。
次世代の皇室の活動についてのお考え）

天皇陛下　秋篠宮の「公務は受け身のもの」という発言と皇太子の「時代に即した新しい公務」とは、必ずしも対極的なものとは思いません。新たな公務も、そこに個人の希望や関心がなくては本当の意義を持ち得ないし、また、同時に、与えられた公務を真摯《しんし》に果たしていく中から、新たに生まれてくる公務もあることを、私どもは結婚後の長い年月の間に、経験してきたからです。

皇太子が希望する新しい公務がどのようなものであるか、まだわかりませんが、それを始めるに当たっては、皇太子妃の体調も十分に考慮した上で、その継続性や従来の公務との関係もよく勘案していくよう願っています。従来の公務を縮小する場合には、時期的な問題や要請した側への配慮を検討し、無責任でない形で行わなければなりません。

私どももこのような国民に支えられ

（平成21年　天皇陛下お誕生日文書ご回答より。
1年を振り返ってのご感想）

天皇陛下　この20年間も、我が国の人々は様々な困難を乗り越えてきましたが、人々が高齢化の著しい社会状況に対処しつつ、助け合って良い社会をつくるよう努める姿に接する時、深い感動を覚えます。私どももこのような国民に支えられ、日々の務めを行っていくことに幸せを感じています。

私もしみじみと嬉しゅうございました

（平成24年　皇后陛下お誕生日文書ご回答より。
天皇陛下が同年2月に心臓の冠動脈バイパス手術を受けられたことについて）

皇后陛下　何よりも安堵いたしましたのは、陛下が御入院の前から絶えずお口にされ、出席を望んでいらした東日本大震災1周年追悼式にお出ましになれたことでした。5月の御訪英も間ぎわまで検討が続けられたようでしたが、実現いたしました。ウィンザー城で御対面の女王陛下も日本の陛下もお嬉しそうで、お側でお見上げしながら、私もしみじみと嬉しゅうございました。

東日本大震災一周年追悼式に出席したい

（平成24年12月19日　天皇陛下お誕生日記者会見より。同年2月に心臓の冠動脈バイパス手術を受けられたことについて）

天皇陛下　心臓の病気は検査で知りました。手術を受けることを決めたのは、心筋梗塞の危険を指摘されたからでした。時期については、東日本大震災一周年追悼式に出席したいという希望をお話しし、それに間に合うように手術を行っていただきました。手術が成功したことを聞いた時は本当にうれしく感じました。

公平の原則を踏まえて

（平成24年12月19日　天皇陛下お誕生日記者会見より。ご公務の皇族方との役割分担について尋ねられて）

天皇陛下　天皇の務めには日本国憲法によって定められた国事行為のほかに、天皇の象徴という立場から見て、公的に関わることがふさわしいと考えられる象徴的な行為という務めがあると考えられます。毎年出席している全国植樹祭や日本学士院授賞式などがそれに当たります。いずれも昭和天皇は80歳を越しても続けていらっしゃいました。負担の軽減は、公的行事の場合、公平の原則を踏まえてしなければならないので、十分に考えてしなくてはいけません。今のところしばらくはこのままでいきたいと考えています。私が病気になったときには、昨年のように皇太子と秋篠宮が代わりを務めてくれますから、その点は何も心配はなく、心強く思っています。

前の御代からお受けしたものを、精一杯次の時代まで運ぶ者でありたい

（平成25年　皇后陛下お誕生日文書ご回答より。
ご公務や宮中祭祀のご負担軽減が必要との意見について）

皇后陛下　質問にあった宮中祭祀のことですが、最近は身体的な困難から、以前のように年間全てのお祀りに出席することは出来なくなりました。せめて年始の元始祭、昭和天皇、香淳皇后の例祭を始め、年間少なくとも5、6回のお参りは務めたいと願っています。明治天皇が「昔の手ぶり」を忘れないようにと、御製で仰せになっているように、昔ながらの所作に心を込めることが、祭祀には大切ではないかと思い、だんだんと年をとっても、繰り返し大前に参らせて頂く緊張感の中で、そうした所作を体が覚えていてほしい、という気持ちがあります。前《さき》の御代からお受けしたものを、精一杯次の時代まで運ぶ者でありたいと願っています。

ここ数年考えてきたこと

（平成28年12月20日　天皇陛下お誕生日記者会見より。8月に「象徴としての務め」というおことばを述べられたことについて）

天皇陛下　8月には、天皇としての自らの歩みを振り返り、この先の在り方、務めについて、ここ数年考えてきたことを内閣とも相談しながら表明しました。多くの人々が耳を傾け、各々の立場で親身に考えてくれていることに、深く感謝しています。

自然をいかして生活を送っている姿を、頼もしく思いました

（平成29年12月20日　天皇陛下お誕生日記者会見より。1年を振り返ってのご感想）

天皇陛下　この11月の屋久島訪問に続けて、沖永良部島と与論島を初めて訪問しました。これは、平成24年2月に一度計画されながら、私の心臓バイパス手

術のために見送られたものです。島の美しい自然に触れるとともに、島の人々が、それぞれの伝統を育み、その自然をいかして生活を送っている姿を、頼もしく思いました。

残された日々、象徴としての務めを果たしながら、次の時代への継承に向けた準備を

（平成29年12月20日　天皇陛下お誕生日記者会見より。ご退位の日までの過ごされ方を尋ねられて）

天皇陛下　この度、再来年4月末に期日が決定した私の譲位については、これまで多くの人々が各々の立場で考え、努力してきてくれたことを、心から感謝しています。残された日々、象徴としての務めを果たしながら、次の時代への継承に向けた準備を、関係する人々と共に行っていきたいと思います。

いつにも増して日本のそれぞれの土地の美しさを深く感じつつ、旅をいたしました

（平成29年　皇后陛下お誕生日文書ご回答より。1年を振り返ってのご感想）

皇后陛下　今年は国内各地への旅も、もしかすると、これが公的に陛下にお供してこれらの府県を訪れる最後の機会かもしれないと思うと、感慨もひとしお深く、いつにも増して日本のそれぞれの土地の美しさを深く感じつつ、旅をいたしました。こうした旅のいずれの土地においても感じられる人々の意識の高さ、真面目さ、勤勉さは、この国の古来から変わらぬ国民性と思いますが、それが各時代を生き抜いてきた人々の知恵と経験の蓄積により、時に地域の文化と言えるまでに高められていると感じることがあります。昨年12月に糸魚川で大規模な火災が起こった時、過去の大火の経験から、住民間に強風への危機意識が定着しており、更に様々な危機対応の準備が整っていて、あれほどの大火であったにもかかわらず一名の死者も出さなかったことなど、不幸な出来事ではありましたが、そうした一例として挙げられるのではないかと思います。

喜びの時、苦しみの時があり、そのいずれの時にも国民と共にあること

（平成7年　皇后陛下お誕生日文書ご回答より。阪神・淡路大震災、オウム事件などが起きる世相のなか皇室の存在意義や役割について尋ねられて）

皇后陛下　人の一生と同じく、国の歴史にも喜びの時、苦しみの時があり、そのいずれの時にも国民と共にあることが、陛下の御旨《みむね》であると思います。陛下が、こうした起伏のある国の過去と現在をお身に負われ、象徴としての日々を生きていらっしゃること、その日々の中で、絶えずご自身の在り方を顧みられつつ、国民の叡智がよき判断を下し、国民の意志がよきことを志向するよう祈り続けていらっしゃることが、皇室存在の意義、役割を示しているのではないかと考えます。

国民が心から安堵し喜ぶことの出来る皇室でありたい

（平成8年　皇后陛下お誕生日文書ご回答より。
イギリスで王室への支持が低下しているとの報道を受け、
皇室と国民の絆を強めるための努力について尋ねられて）

皇后陛下　常に国民の関心の対象となっているというよりも、国の大切な折々にこの国に皇室があって良かった、と、国民が心から安堵し喜ぶことの出来る皇室でありたいと思っています。

国民の関心の有無ということも、決して無視してはならないことと思いますが、皇室としての努力は、自分たちの日々の在り方や仕事により、国民に信頼される皇室の維持のために払われねばならないと考えます。

伝統を大切にし、国民の期待にこたえつつ、務めを果たしていく

（平成9年12月18日　天皇陛下お誕生日記者会見より。ご即位10年を翌年に控え、これまでとこれからの皇室の在り方について尋ねられて）

天皇陛下　皇室がこれまでに培われた伝統を大切にし、国民の期待にこたえつつ、務めを果たしていくということが、時代を問わず、求められる皇室の在り方だと思っております。

全てがそのあるべき姿にあるようにと祈り続ける

（平成10年5月12日　イギリス、デンマークご訪問前記者会見より。王室や皇室が果たしている役割について尋ねられて）

皇后陛下　王室や皇室の役割は、絶えず移り変わる社会の中にあって、変わらぬ立場から、長期的に継続的に物事の経緯を見守り、全てがそのあるべき姿に

あるようにと祈り続けることではないかと考えてまいりました。

私どももこの国にふさわしい形で

（平成10年5月12日　イギリス、デンマークご訪問前記者会見より。
イギリスのエリザベス女王陛下がパブを公式訪問されたが、
両陛下も居酒屋のような場所を訪れる機会をお持ちになりたいかとの問いに対してのご回答）

天皇陛下　前にもお話ししましたことですが、天皇は日本国の象徴であり、国民統合の象徴であるという憲法に定められた点を常に念頭において務めを果たしてきました。そして、どのように在るのがこの象徴にふさわしいかということが、いつも念頭から離れないことでした。今の問題についても、その面から考えなければならないことではないかと思います。やはり王室や皇室は、日本でも英国でも、それぞれの歴史を受け継いでおり、国民の考え方・感情も違ってきています。この点を日本の国民がどのように考えるかということを、考えていかなければならないことではないかと思っております。

皇后陛下　今、国民の大半が私どもに基本的に望んでいることは、皇室がその役割にふさわしい在り方をし、その役割に伴う義務を十分に果たしていくことだと思っています。民主主義の時代に日本に君主制が存続しているということは、天皇の象徴性が国民統合のしるしとして国民に必要とされているからであり、この天皇及び皇室の象徴性というものが、私どもの公的な行動の枠を決めるとともに、少しでも自己を人間的に深め、よりよい人間として国民に奉仕したいという気持ちにさせています。皇室の役割にふさわしい「在り方」という中に、きっと「親しさ」の要素も含まれておりますでしょう。ただ、それぞれの王室や皇室に、どのような親しさを、どのような度合いでもって国民が求めているか、また、どのような形においてそれを感じたいと思っているか、というところに国民性の違いがあると思いますし、また、違いがあってよいものだと思います。西欧の王室にあっても、このようなことへの対応は必ずしも一様であるとは思いません。私どももこの国にふさわしい形で、国民と皇室との間の親しみを大切に育んでいきたいものと考えています。

時代とともに変わっていく部分もあることは事実です

（平成10年12月18日　天皇陛下お誕生日記者会見より。昭和時代と比べて天皇としての活動の在り方の変化について）

天皇陛下　日本国憲法で、天皇は日本国の象徴であり日本国民統合の象徴であると規定されています。この規定と、国民の幸せを常に願っていた天皇の歴史に思いを致し、国と国民のために尽くすことが天皇の務めであると思っています。天皇の活動の在り方は、時代とともに急激に変わるものではありませんが、時代とともに変わっていく部分もあることは事実です。私は、昭和天皇のお気持ちを引き継ぎ、国と社会の要請、国民の期待にこたえ、国民と心を共にするよう努めつつ、天皇の務めを果たしていきたいと考えています。

単に物理的な距離によって測る必要はないのではないかと考えております

（平成12年5月8日　オランダ、スウェーデンご訪問前記者会見より。国民に身近な欧州王室の在り方についてのご感想と、皇室と国民との距離について尋ねられて）

天皇陛下　欧州の王室も日本の皇室もそれぞれの歴史を受け継いで今日に至っています。（中略）それぞれの王室も皇室も常に国民の幸せを願って務めを果たしているということでは共通していると思います。それぞれの王室や皇室の在り方はそれぞれの国民の願いにこたえて考えられており、日本の皇室と国民との関係も日本国憲法に定められている天皇は日本国の象徴であり、日本国民統合の象徴であるということがどういうふうにあるべきかということを元にして考えていくことが大切と思います。皇室と国民との距離ということも、例えば、明治以前と以後、あるいは昭和の戦前と戦後で大きく変わっています。私は常に国民と心を共にすることを念頭に置きつつ、国と国民のために望ましい在り方を求めていきたいと思っています。

皇后陛下　日本の場合、皇室の中心でいらっしゃる天皇のお立場は、国の象徴であり、国民統合の象徴であると憲法で定められており、この天皇の象徴性とまた国民統合の象徴としてのお立場が、陛下を始め私どもの行動の枠を決めるとともに、皇室が国民から遊離したものとはならず、国民の中にしっかりと内在した存在であらねばならないという自覚を保たせています。近年王室や皇室の在り方の中で、国民との距離ということが往々にして問題とされることが多うございますが、私はこの距離、親近性というものを、単に物理的な距離によって測る必要はないのではないかと考えております。象徴でいらっしゃる陛下のおそばで、私も常に国民の上に心を寄せ、国民の喜び事を共に喜び、国民の悲しい折には共に悲しみ、また共にそれを耐え続けていけるようでありたいと願っており、これはきっと欧州の王室の方々も、類似のお気持ちをお持ちでいらっしゃることと思います。

陛下も、私も、国民と皇室とが、常に理解と信頼をもって温かく結ばれているようでありたいと願っており、国民との接点はこれからも大切にしていきたいと考えております。ただ、それぞれの王室や皇室に、国民がどのような形や度合を持ってその接点を求めていくかということは、必ずしも各国一様であるとは思いません。日本にふさわしい形で、国民と皇室との間の親しみがはぐくまれていくことを願っております。

歴代天皇の国民に対する気持ちと同じ

（平成12年12月20日　天皇誕生日記者会見より。ここ100年の皇室の動き・変化について、また21世紀に向けての皇室の在り方について）

天皇陛下　戦後は、新しい憲法の下で、皇室の在り方も象徴ということで違ってはきてましたが、国民に対する気持ちとしては変わらないものであったと思います。これは古くからの歴代天皇の国民に対する気持ちと同じことではないかと思っています。

皇室の在り方としては、この象徴ということを常に心にとどめ、どうあれば象徴としてふさわしいかということを求めていくということだと思っています。したがって、今後ともその点においては変わらないことだと考えています。

陛下が日本を代表して善意と友情をお示しになる

（平成14年6月20日　ポーランド、ハンガリーご訪問前記者会見より。
初の東欧ご訪問の意義を尋ねられて）

皇后陛下　訪問の意義ということですが、陛下が国賓として海外をご訪問になるということはそれらの国に対し、陛下が日本を代表して善意と友情をお示しになるということで、そのことが訪問の第一義であると考えています。

同じ志の中で、お互いを支え合い、励まし合っている

（平成17年4月25日　ノルウェーご訪問前記者会見より。
今後の皇室を考えていくうえで、
欧州の各王室とのご交際が参考になるかとの問いに対してのご回答）

天皇陛下　（前略）国によって制度も王室の在り方も異なり、また、歴史に伴う変遷も見られますが、国民の幸せを願い、力を尽くしていくという点では日本の皇室も欧州の王室も一致しており、様々なことで共感を覚えます。私は日

本の皇室については過去の日本を振り返り、私どもがこれまでに経験してきたことを基に、国民と心を共にすることを念頭に置きつつ、望ましい在り方を求めていきたいと思っています。

皇后陛下　欧州の王室に限らず、アジアや中東の王室も含め、各国王室とのご交際からは、これまでたくさんのことを学んでまいりました。（中略）

今、親しい王室の方々の多くが、現代の激しく移り変わる社会の中で、王制がそれぞれの国の好ましい発展に、どのように寄与していけるかを真剣に考えておられます。こうした意味で、私どもは、離れ離れに暮らしていても、同じ目標に向かって生きており、その同じ志の中で、お互いを支え合い、励まし合っているように感じております。（中略）

各国の王室や皇室がそれぞれの社会において成熟し、国民の中により深く内在し、国の安定に寄与していくことができ、お互いに更にふさわしい同志として、友情の質を高め合っていくことができればと願っています。

女性皇族の存在は、その場の空気に優しさと温かさを与え、人々の善意や勇気に働きかける

（平成17年12月19日　天皇陛下お誕生日記者会見より。

女性皇族が果たしてきた役割を含め、皇室の伝統と将来について尋ねられて

天皇陛下　私の皇室に対する考え方は、天皇及び皇族は、国民と苦楽を共にすることに努め、国民の幸せを願いつつ務めを果たしていくことが、皇室の在り方として望ましいということであり、またこの在り方が皇室の伝統ではないかと考えているということです。

女性皇族の存在は、実質的な仕事に加え、公的な場においても私的な場においても、その場の空気に優しさと温かさを与え、人々の善意や勇気に働きかけるという、非常に良い要素を含んでいると感じています。その意味でも皇太子妃の健康が現在徐々に快方に向かっていることは喜ばしく、一層の回復を待ち望んでいます。

同じ立場を生きる者として、これからも友情を分かち合っていく

（平成18年6月6日　シンガポール、タイご訪問前記者会見より。各国王室との友情や交流の積み重ねを次代にいかに引き継いでいくかという問いに対してのご回答）

皇后陛下　住む国も違い、その国々もほとんどが距離を遠く隔て、お互いが出会う機会は決して多くはないのですが、それでも世界のあちこちに、自分たちと同じ立場で生きておられる方々の存在を思うことは心強いことであり、励まされることでもあります。（中略）

陛下の世代は、国や年齢で多少の差こそあれ、だれもが戦時及び戦後の社会変動を経験し、戦後の民主化の進む社会において、王室や皇室がどのような役割を果たしていけるかという、共通の課題を持った世代であったと思います。同時に、国家間の平和を不可欠なものと思い、二度と他国と戦を交えたくないという悲願もあり、こうした皆の間の共通の意識が、お互いを引き寄せ、友情を深める基盤になっていたように思います。

時代は移り、王室や皇室の姿も少しずつ変化を見せるかもしれませんが、そ

こに生きる人々が、心を合わせて世界の平和を願い、また、それぞれの国において、自分たちの在り方を常に模索しつつ、国や国民に奉仕しようと努力している限り、お互いが出会う機会は少なくとも、王族皇族同士は同じ立場を生きる者として、これからも友情を分かち合っていくことができるのではないか、私どもの次の世代の人々も、きっとそうして絆《きずな》を深め合っていくのではないかと、考えています。

天皇の伝統的在り方

（平成18年6月6日　シンガポール、タイご訪問前記者会見より。
皇室の伝統の維持と時代の変化に伴う工夫についてのお考えを問われて）

天皇陛下　天皇の歴史は長く、それぞれの時代の天皇の在り方も様々です。しかし、他の国の同じような立場にある人と比べると、政治への関《かか》わり方は少なかったと思います。天皇はそれぞれの時代の政治や社会の状況を受け入れながら、その状況の中で、国や人々のために務めを果たすよう努力してきたと思います。また文化を大切にしてきました。このような姿が天皇の伝統的在り方と考えられます。（中略）大日本帝国憲法に代わって戦後に公布された日本国憲法では、天皇は日本国の象徴であり、日本国民統合の象徴であるということ、また、国政に関する権能を有しないということが規定されていますが、この規定も天皇の伝統的在り方に基づいたものと考えます。憲法に定められた国事行為のほかに、天皇の伝統的在り方にふさわしい公務を私は務めていますが、これらの公務は戦後に始められたものが多く、平成になってから始められたものも少なくありません。社会が変化している今日、新たな社会の要請に応《こた》えていくことは大切なことと考えています。

皇室の重大な決断に関わられるのは皇位の継承に連なる方々

（平成28年　皇后陛下お誕生日文書ご回答より。同年8月の陛下の「象徴としての務め」についてのお気持ち表明に関して）

皇后陛下　8月に陛下の御放送があり、現在のお気持ちのにじむ内容のお話が伝えられました。私は以前より、皇室の重大な決断が行われる場合、これに関わられるのは皇位の継承に連なる方々であり、その配偶者や親族であってはならないとの思いをずっと持ち続けておりましたので、皇太子や秋篠宮ともよく御相談の上でなされたこの度の陛下の御表明も、謹んでこれを承りました。ただ、新聞の一面に「生前退位」という大きな活字を見た時の衝撃は大きなものでした。それまで私は、歴史の書物の中でもこうした表現に接したことが一度もなかったので、一瞬驚きと共に痛みを覚えたのかもしれません。私の感じ過ぎであったかもしれません。

第二章

悲しみ、喜びに寄り添われるおことば

両陛下は毎年のお誕生日に際して1年を振り返られる時、自然災害で被災された人々や事故、事件などで辛い境遇にある方々を案じるお気持ちを最初に述べられます。

皇后さまが「心を寄せ続けていきたい」とよく話されるように、困難な状況にある方々に寄せられる両陛下のお気持ちの深さは、被災地や被災者のその後の復興状況を常に気にかけておられることからも伝わってきます。また、北朝鮮による拉致被害者を思いやる皇后さまのおことばには、聞く者を驚かせる激しさがありました。

両陛下のおことばを読んでいると、月日の経過と共にややもすれば薄れがちな被災者や被害者への共感がしみじみと広がっていきます。

国民の苦しみにも喜びにも共にあり続けた両陛下のおことばを紹介します。

■思いやりについて

障害者の自立を助け
ともに生きていこうという時代がきつつある

（平成3年10月5日　インドネシアご訪問中の宮内記者会ご懇談より。身障者施設でご訪問の際に盲人の方と握手をされたことについて）

皇后陛下　障害を持った人々が、自立への道を求めて努力する姿には、いつも心を打たれます。どの国においても障害者を憐れんだり、疎外したりする時代が去って、障害者の自立を助けともに生きていこうという時代がきつつあることを強く感じました。

長い避難生活の苦労は、
はかり知れないものと察しております

（平成3年12月19日　天皇陛下お誕生日記者会見より。1年を振り返ってのご感想）

天皇陛下　国内では、雲仙・普賢岳の噴火による災害や、台風による災害で、多くの人命が失われたことは誠に残念なことでした。殊に雲仙・普賢岳の噴火は依然として続いており、終息する兆候も認められません。長い避難生活の苦労は、はかり知れないものと察しております。

噴火が早く収まるよう願っています

（平成4年12月21日　天皇陛下お誕生日記者会見より。1年を振り返ってのご感想）

天皇陛下　今年は自然災害の非常に少ない年で、自然災害による犠牲者の最も少ない年になるのではないかと思っています。ただ雲仙・普賢岳の噴火は依然として続いており、長い避難生活の苦労は計りしれないものと察しています。噴火が早く収まるよう願っています。

心を寄せ続けていきたい

（平成7年　皇后陛下お誕生日文書ご回答より。阪神・淡路大震災被災者への思いを尋ねられて）

皇后陛下　言語に絶する災害の場で、被災者により示された健気な対応と相互への思いやりに、深く心を打たれました。今でも一人一人が多くを耐えつつ、生活しておられることと察します。時をかけて、被災者の心の傷が少しずつ癒されていくことを願いつつ、被災地のこれからの状況に心を寄せ続けていきたいと思います。被災者一人一人がくれぐれも体を大切にされ、明るい復興の日を迎えられることを祈念いたします。

今日の日本がこのような犠牲の上に築かれたことを心に銘じ

（平成7年12月21日　天皇陛下お誕生日記者会見より。1年を振り返ってのご感想）

天皇陛下　今年は誠に心の重い年でした。年の初めに阪神・淡路大震災が起こり、これが何よりも心の痛むことでした。５５００人を超す人々の命が失われ、多くの人々が長く苦労の多い避難生活に耐えねばなりませんでした。殊に高齢の被害者の気持ちはいかばかりであったかと察しています。

このような中にあって、被災者が互いに助け合い、冷静に事に対処している姿と、各地から訪れたボランティアが、懸命に被災者のために尽くしている姿に深く感銘を受け、我が国の将来を心強く思いました。

サリン関連事件は本当に思いもよらない恐ろしい事件でした。元気に朝出勤して来た人々が、事件にあい、亡くなり、また、救出活動に当たっていた人々が亡くなり、本当にその遺族のことを思うと、心が痛みます。科学技術が日進月歩の勢いで進歩している今日、科学技術を扱う人々がどのような意識で仕事をしているかということが極めて大切と思います。福井博士がノーベル賞の受賞式で科学の発展に対する科学者の責任に言及されたことが、しみじみ思い起こされます。

今年は戦争が終わって50年という節目の年に当たり、戦争の災禍の最も激しかった長崎、広島、沖縄、東京を訪れ、また、８月15日の戦没者追悼式に臨んで、戦禍に倒れた人々の上を思い、平和を願いました。また、今年は硫黄島やハバロフスクで慰霊祭が行われました。希望に満ちた人生に乗り出そうとしていた若い人々が戦争により、また、厳しい環境の中で病気により亡くなったことを深く哀惜の念に感じます。今日の日本がこのような犠牲の上に築かれたことを心に銘じ、これからの道を進みたいものと思います。

特に高齢の人々を思うと本当に心が痛みます

（平成8年12月19日　天皇陛下お誕生日記者会見より。1年を振り返ってのご感想）

天皇陛下　昨年は阪神・淡路大震災という戦後最大の災害があり、6千人を超す人々の命が失われました。遺族や、今も厳しい不自由な生活をしている被災者、特に高齢の人々を思うと本当に心が痛みます。一方、被災地の人々が、力を尽くして復興に取り組んでいる姿には深い感動を覚え、心強く感じました。

（中略）

年の始めには、北海道のトンネルの崩落事故があり、また年の終わりには長野県で土石流による災害があり、合わせて30人以上の人々が亡くなりました。台風による災害などを加えると、50人以上の人々が、今年自然の猛威によって命を失いました。日本の自然の厳しさを深く感じさせるものであり、自然災害に対する備えが一層充実していくことを願ってやみません。

自然災害に対する備えの一層の充実を

（平成9年12月18日　天皇陛下お誕生日記者会見より。1年を振り返ってのご感想）

天皇陛下　今年の新年早々に起こったタンカーの重油流出事故も大きな出来事でした。ちょうど、岩海苔の収穫期を目前にして岩海苔をすっかり重油が覆うような被害にあった漁業者にとって、1年の始まりにこのような痛ましい年の始めを迎えたことが心に痛みます。この状況下で各地から集まった大勢のボランティアが厳しい寒さや重油の臭気をものともせず、災害地の人々と協力して重油の除去に当たったことはまことに感銘深いものを覚え、日本の将来を心強く感じました。今日、大勢の人々の努力によって海の環境がすっかりよくなっていることをうれしく思っています。
今年も鹿児島県の土石流災害を始め、梅雨前線や台風によって30人以上の命が失われました。間もなく3年を迎えようとしている阪神・淡路大震災の被災者が、まだ2万所帯以上仮設住宅に住まっていることを思うにつけても、日本の厳しい自然を念頭に置き、自然災害に対する備えが一層充実していくことを願ってやみません。

お互いに気を付け、協力し合って

（平成10年12月18日　天皇陛下お誕生日記者会見より。1年を振り返ってのご感想）

天皇陛下　今年は、8月末に福島県、栃木県などで集中豪雨による大きな災害があり、その後、台風が相次いで襲来し、多くの人命が失われ大きな被害を与えました。今年一年間で100人以上の命が失われ心を痛めています。ただ以前の災害の経験をいかし、被害を少なくすることができたということや、各地から訪れた人々が復旧に協力していることなどの話を聞き、心強い思いもしました。日本の自然は厳しく、以前はほとんど毎年ほぼ150人以上の人々が自然災害によって亡くなっていましたが、日本が豊かになってきましたが、毎年このような災害で人々の命が失われていることは誠に残念なことです。ただ最近、自然災害による被害で100人を割る死者が生じる年もあるようになりました。このことは、治山治水が進み、また、危険性に関する情報の速やかな伝達が行われることと関連していると考えられ、この傾向が更に続くことを願っています。自然状況が厳しいということを国民皆が認識し、お互いに気を付け、協力し合って、少しでもこのような災害が少なくなることを願っています。

阪神・淡路大震災から三年以上がたち、復興は進んでいると聞いていますが、まだ、仮設住宅に入居している人もかなりの数に上り、冬を迎えて、特に高齢の人々のことが案じられます。5年前、200人近くの人々が亡くなった奥尻島では、島民や関係者が災害に強い島を目指して努力し、今年、復興宣言が出されたことは喜ばしいことです。

稲むらの火

（平成11年　皇后陛下お誕生日文書ご回答より。1年を振り返ってのご感想）

皇后陛下　今年も天災、人災による幾つかの悲しい出来事がありましたが、8月に、昨年復興を宣言した奥尻島を訪れ、同時に北檜山、瀬棚等を訪ねて、復興の様を見聞することのできたことは嬉しいことでした。

最近、災害の中でも、集中豪雨が、その集中度、雨量共にひときわ激しいものとなり、犠牲者の出ていることが心配です。子供のころ教科書に、確か「稲むらの火」と題し津波の際の避難の様子を描いた物語があり、その後長く記憶に残ったことでしたが、津波であれ、洪水であれ、平常の状態が崩れた時の自然の恐ろしさや、対処の可能性が、学校教育の中で、具体的に教えられた一つの例として思い出されます。

新たな生活に入った人々の暮らしが少しでも幸せなものとなるよう願っています

（平成11年　天皇陛下お誕生日文書ご回答より。1年を振り返ってのご感想）

天皇陛下　8月には平成5年北海道南西沖地震で200人以上の死者、行方不明者を出した奥尻島とその対岸の災害地を訪れました。災害直後に訪れた時は誠に痛ましい状況にありましたが、この度は防災に十分配慮し、美しく復興している姿を見ることができました。被災者が様々な心の痛みに耐え、多くの人々の協力を得て、今日を築き上げたことをうれしく思っています。

阪神・淡路大震災が起こってから間もなく5年になります。災害を受けた人々にとって様々な心身の苦労に耐えた5年間であったと思いますが、被災者とそれを支えた人々の努力により、復興が進んでいることを心強く思っています。仮設住宅の入居者は今年中になくなるということですが、新たな生活に入った人々の暮らしが少しでも幸せなものとなるよう願っています。

様々な困難を乗り越えてきた日本の人々

（平成12年5月8日　オランダ、スウェーデンご訪問前記者会見より。日本のこれからの福祉のあり方を尋ねられて）

天皇陛下　この高齢化問題には克服されなければならない様々な課題があることと思いますが、戦後、経済の発展、公害の減少など様々な困難を乗り越えてきた日本の人々がこの困難な問題に対しても皆で協力し、国民一人一人が幸せな気持ちで日々を過ごせるような社会を築いていくことと深く信頼しています。

皇后陛下　北欧諸国の社会福祉への取組は本当に立派であると思います。質問にありましたように、今日本は困難な財政問題を抱えており、福祉との取組にも多くの苦労があるようです。ただ一方では非常に心強く思われることもあり、それは近年人々の間で、「生活の質」を考える風潮が強まり、それに伴い自分の生きがいについて考え、他者とのつながり、他者との助け合い、また他者への奉仕などについて、今までにも増して真剣に考える風潮が全般に強まってきていることです。

差し当たり今は、この4月から実施に移された介護保険制度のことが一番心に懸かっています。まだ始まったばかりで、少なからぬ混乱もあるように見られますが、やがてそのよい結果が、お年寄りやその家族、また、その人々を支えている介護者や奉仕者に、共に助け合って生きていく社会の安心感と充実感をもたらし、そのような中から、日本がこれから対応していかなければならない高齢化社会への福祉の道が少しずつでも見えてくるようになることを、今、心から願っています。

これからの寒さが案じられ

（平成12年　皇后陛下お誕生日文書ご回答より。1年を振り返ってのご感想）

皇后陛下　国内では悲しいことに有珠山の噴火、神津島・新島等の地震、三宅島雄山の噴火、東海地方の豪雨、鳥取県西部地震等災害が頻発し、多くの地域で人々が危険にさらされました。犠牲者を悼み、被災で苦しんだ人々、今も苦しい状況に耐えている人々の上に深く思いを致します。三宅島からの全島民の避難は暑い盛りの頃でした。これからの寒さが案じられ、どうか皆健康であってほしいと念じています。
このような災害のおこった時、例えばたゆまず続けられて来た火山観測のような地味な仕事が、どれだけ大事の際に意味をもつかに気付かされます。地域に深く関わり、土地の自然をよく知る専門家と、その研究を助け、研究成果を生かす行政との協力で、それぞれの地域で住民が危険から護られるよう、切に祈ります。

島民の気持ちはいかばかりか

（平成12年12月20日　天皇陛下お誕生日記者会見より。1年を振り返ってのご感想）

天皇陛下　今年一年を振り返ると、いろいろなことがありましたが、自然災害の面では北海道の有珠山、三宅島の雄山の噴火による災害が挙げられると思います。噴火は今日まで続いており、見通しも立たず、避難生活を続けている人々のことを考えると、心が痛みます。三宅島では島民全員が避難していますが、島民が島で築いてきたものが、泥流や火山灰に埋もれていく厳しい状況を見ている島民の気持ちはいかばかりかと察せられます。噴火が収まり、少しでも良い兆しが見えてくることを願っています。なお、このような状況の中で、島の電力施設や火山性ガスの観測に携わっている人々の安全や健康の面が気遣われます。本当にご苦労のことと思います。

そのほかに、新島・神津島の近海地震、鳥取県西部地震、それに愛知県を中心とした大雨の災害がありました。地震で神津島で1人、また、大雨で10人の死者が生じたことは本当に残念なことでありますが、有珠山、三宅島を含め、それ以外の災害で亡くなった人がいなかったことは、本当に幸いでした。これまでの災害に対する教訓をいかし、県や市町村の関係者の対応よろしきを得たこと、また自衛隊・消防・警察・気象庁などの関係者の対応が良く行われ、また、多くのボランティアが活躍したことも、心に残るものでありました。

らい予防法は廃止されましたが

（平成13年　皇后陛下お誕生日文書ご回答より。1年を振り返ってのご感想）

皇后陛下　今年は阪神、淡路の大震災から6年を経、4月には陛下とご一緒に被災の各地を訪れました。復興を讃《たた》えるとともに、ここまでの道のりで、どれ程に人々が忍耐を重ね、悲しみや苦しみを越えて来たかを思い、胸がつまる思いでした。

有珠山の噴火からは一年半が過ぎましたが、今も仮設住宅に千人余の人々が住み、地域の活気の戻らぬ様子を心配しています。三宅の人々も全員島を離れたままで、辛く寂しいことでしょう。テロのような大きな出来事の陰で、これらの人々の苦しみが、社会から忘れられていくことのないよう願っています。

平成8年に、らい予防法は廃止されましたが、今年は元患者の人々と国との間の裁判をめぐり、広く社会の関心がこの病に向けられました。療養所で、入所後の長い日々、実名を捨てて暮らして来た人々が、人間回復の証として、次々と本名を名のった姿を忘れることが出来ません。今後入居者の数が徐々に減少へと向かう各地の療養所が、入所者にとり寂しいものとならないよう、関係者とともに見守っていきたいと思います。

漁業実習船「えひめ丸」

（平成13年12月18日　天皇陛下お誕生日記者会見より。1年を振り返ってのご感想）

天皇陛下　2月には、宇和島水産高校の漁業実習船「えひめ丸」が米国潜水艦の衝突により沈没し、9人の命が失われました。家族の大切な一員を亡くした遺族や、学校関係者の気持ちはいかばかりかと察しています。遺体や遺品の引き上げに米国海軍が誠意を持って尽くしたことを多としています。

察することのできない様々な思い

（平成13年12月18日　天皇陛下お誕生日記者会見より。1年を振り返ってのご感想）

天皇陛下　（前略）4月に阪神・淡路大震災の被災地を訪れたことがまず挙げられます。被災直後に被災地を回ったことを思い起こしつつ被災地を訪れましたが、皆が防災に心掛けつつ美しい街をつくろうとしていることに心強さを覚えました。察することのできない様々な思いがあることと思いますが、けなげに過ごしている姿に心を打たれました。

また、7月には昨年地震の被害を受けた新島と神津島を訪れました。島の急峻《きゅうしゅん》な斜面は、いたる所崩落の跡が見られ、訪れた小学校では崩落した岩石が校舎間際に迫っていました。今後、復興していくに当たり島の安全性が高められるよう願っています。三宅島は帰りのヘリコプターから見ましたが、雄山の頂は雲に覆われていて見えませんでした。全島避難から1年以上が経《た》ちましたが、火山ガスの噴出は収まらず、帰島にはまだ相当の時間が掛かりそうです。様々な苦労があることと思いますが、島民が周りの人と協力し合い、体に気を付けて帰島までの日々を元気に過ごされるよう願っています。また、厳しい環境の中で復旧工事に携わっている人々の安全と健康を念じています。

拉致事件――何故この人々の不在をもっと強く意識し続けることが出来なかったか

（平成14年　皇后陛下お誕生日文書ご回答より。1年を振り返ってのご感想）

皇后陛下　小泉総理の北朝鮮訪問により、一連の拉致事件に関し、初めて真相の一部が報道され、驚きと悲しみと共に、無念さを覚えます。何故私たち皆が、自分たち共同社会の出来事として、この人々の不在をもっと強く意識し続けることが出来なかったかとの思いを消すことができません。今回の帰国者と家族との再会の喜びを思うにつけ、今回帰ることのできなかった人々の家族の気持ちは察するにあまりあり、その一入《ひとしお》の淋しさを思います。

早く帰島の日の訪れることを

（平成14年　皇后陛下お誕生日文書ご回答より。1年を振り返ってのご感想）

皇后陛下　三宅島の人々の避難生活も、もう2年を越しました。どんなにか帰島の日々を待ち望んでおられることでしょう。島民の健康を祈り、また島に常駐したり、通ったりして島の復旧に尽くしておられる人々の苦労を偲（しの）びつつ、1日も早く三宅の自然が美しくよみがえり、帰島の日の訪れることを念じています。

復旧に携わっている人々の健康

（平成14年12月19日　天皇陛下お誕生日記者会見より。1年を振り返ってのご感想）

天皇陛下　近年の自然災害による死者の減少は、長年にわたり治山治水に携わった人々、気象情報を正確に早く伝えようとしている人々など様々な関係者の努力の結果であり、心強く思っております。
三宅島の噴火はまだ収まらず全島避難が続いています。島の環境とは異なる環境での島民の生活は、いろいろ苦労が多いことと察していますが、体に気を付け元気で島に戻られる日の来ることを願っています。また、復旧に携わっている人々が健康に十分気を付け、仕事を進めていかれるよう願っています。

全員帰島の日の遠からぬことを

（平成15年　皇后陛下お誕生日文書ご回答より。1年を振り返ってのご感想）

皇后陛下　三宅の火山ガスの放出もいまだ止まらず、3年にわたり避難を続けている人々は、どんなにか疲れていることでしょう。東京都が、早くより地道に続けているライフ・ラインの復旧、橋梁や砂防の工事も順調に進んでいるようであり、全員帰島の日の遠からぬことを祈っています。

私たち誰もが十分には察しきれない悲しみ

（平成15年　皇后陛下お誕生日文書ご回答より。1年を振り返ってのご感想）

皇后陛下　この10月で、地村保志さん等5名の拉致被害者が帰国して1年になります。

この方たちそれぞれが、長い断絶の時を経、恐らくは私たち誰もが十分には察しきれない悲しみを内に持ちつつ、日本の社会に再適応する困難に耐えていることを忘れてはならないと感じています。

2歳の幼児の4日ぶりの救出

（平成16年　天皇陛下お誕生日文書ご回答より。1年を振り返ってのご感想）

天皇陛下　10月には新潟県中越地震が起こり、40人の命が失われ、一時は10万人を超える人々が避難生活を送ることを余儀なくされました。山古志村では全村民が村を離れ、避難生活を送っています。余震が続き、雨が降る中での救助活動は非常に危険を伴うものであり、心配していましたが、事故が起こらなかったことは幸いでした。2歳の幼児の4日ぶりの救出はこのような厳しい状況の中で行われましたが、無事救出されたことは本当に良かったと思っています。救助、救援活動に当たった消防、警察、自衛隊の人々、また全国から集まったボランティアに対し、深く感謝しています。私は皇后と共に11月初旬被災地を訪れましたが、被災した人々が悲しみの中で、救援活動をする人々に感謝しつつ、けなげに避難生活を送っている姿に心を打たれました。被災地は深い雪に覆われる地域であり、寒さが厳しくなる中で、被災者の健康が気遣われます。最近は仮設住宅の建設が進み、大勢の人々と共に生活していた避難所から仮設住宅に移る人々の姿が放映され、それを見ていると少し気持ちが明るくなります。長い共同生活は本当に苦労が多いことだったと察しています。今後被災地の人々の生活が安全性の高い基盤の上に築かれていくことを切に願っています。

帰国した拉致被害者の幸せを

（平成16年　天皇陛下お誕生日文書ご回答より。1年を振り返ってのご感想）

天皇陛下　一昨年帰国した拉致被害者がその家族とそろって日本で暮らせるようになったことは大変喜ばしいことです。慣れない環境で苦労も多いことかと察していますが、家族共々の生活が幸せなものとなるよう願っています。

日系移住者の苦労を思い

（平成19年　皇后陛下お誕生日文書ご回答より。新たな関心事を尋ねられて）

皇后陛下　新しいということではなく、これまでの関心につながるものですが、来年はブラジルの日系移住者の移住100周年に当たります。この度は残念ながら現地にはまいれませんが、日本にあって、陛下とご一緒にこれまでの各国への日系移住者の苦労を思い、移り住んだ国々で、人々が幸せであるよう、祈りたいと思います。それと共に、当時から100年を経た今、日本に生活する30万を超えるといわれる南米からの移住者たちが、ふるさとを離れて住む困難をよく克服し、日本の社会に温かく受け入れられていくよう願いつつ、心を寄せていきたいと思っています。

避難所に暮らす人々の淋しさを思わずにはいられません

（平成20年　皇后陛下お誕生日文書ご回答より。1年を振り返ってのご感想）

皇后陛下　岩手・宮城内陸地震の災害情報を得る中で、死者・行方不明者が集中した宮城県栗原市の耕英地区が、戦後、旧満州から引き揚げ、この地に入植した人たちにより、原生林を切り開いて作られた開拓地であったことを知りました。長い苦労の末やっと安住した土地を離れ、今避難所に暮らす人々の淋しさを思わずにはいられません。この人々を含め、今回両県や近県で被災した人々の上に、少しでも早く平穏な日々の戻ることを願っています。

動物たちの殺処分にたずさわる人々の心身の労苦

（平成22年　皇后陛下お誕生日文書ご回答より。1年を振り返って印象に残ったこと）

皇后陛下　終息が宣言されるまでに29万頭に近い牛や豚が処分され、それまで家族のように大切にして来た動物たちを、あの様な形で葬らなければならなかった宮崎県の人々の強い悲しみに思いをいたしています。また、この度の事件を通し、口蹄疫を発見、確認し、それを報告する任務を負う人々の辛さや、ワクチン接種に始まり、動物たちの殺処分にたずさわる人々の心身の労苦についても深く考えさせられました。

高齢者の一人として

（平成22年12月20日　天皇陛下お誕生日記者会見より。1年を振り返ってのご感想）

天皇陛下　この夏軽井沢滞在中、秋篠宮一家と石尊山に登りました。登りはまあまあでしたが、下りは滑りやすく、時々後からついてきた秋篠宮や眞子に助けられました。以前登ったときには考えられなかったことです。私も高齢者の一人として、私の経験した加齢現象の一端に触れましたが、加齢による症状には、年齢の若い人にはなかなか想像のしにくいことがたくさんあるのではないかと思います。高齢化が進む今日の社会において、高齢者への理解がますます進み、高齢者へ十分配慮した建物や町が整備されていくことを切に願っています。

こうした不条理は決してたやすく受け止められるものではなく

（平成23年　皇后陛下お誕生日文書ご回答より。1年を振り返ってのご感想）

皇后陛下　2万人近い無辜の人々が悲しい犠牲となった東北の各地では、今も4千人近い人々の行方が分かりません。家を失い、或いは放射能の害を避けて、大勢の人々が慣れぬ土地で避難生活を送っています。犠牲者の遺族、被災者の一人一人が、どんなに深い悲しみを負い、多くを忍んで日々を過ごしているかを思い、犠牲者の冥福を祈り、又、厳しい日々を生き抜いている人々、別けても生活の激変に耐え、一生懸命に生きている子どもたちが、1日も早く日常を取り戻せるよう、平穏な日々の再来を祈っています。

この度の大震災をどのように受けとめたか、との質問ですが、こうした不条理は決してたやすく受け止められるものではなく、当初は、ともすれば希望を失い、無力感にとらわれがちになる自分と戦うところから始めねばなりませんでした。東北3県のお見舞いに陛下とご一緒にまいりました時にも、このような自分に、果たして人々を見舞うことが出来るのか、不安でなりませんでした。しかし陛下があの場合、苦しむ人々の傍に行き、その人々と共にあることを御自身の役割とお考えでいらっしゃることが分かっておりましたので、お伴をすることに躊躇はありませんでした。

災害発生直後、一時味わった深い絶望感から、少しずつでも私を立ち直らせたものがあったとすれば、それはあの日以来、次第に誰の目にも見えて来た、人々の健気で沈着な振る舞いでした。非常時にあたり、あのように多くの日本人が、皆静かに現実を受けとめ、助け合い、譲り合いつつ、事態に対処したと知ったことは、私にとり何にも勝る慰めとなり、気持ちの支えとなりました。被災地の人々の気丈な姿も、私を勇気づけてくれました。3月の20日頃でしたか、朝6時のニュースに郵便屋さんが映っており、まばらに人が出ている道で、一人一人宛名の人を確かめては、言葉をかけ、手紙を配っていました。「自分が動き始めたことで、少しでも人々が安心してくれている。よい仕事についた。」と笑顔で話しており、この時ふと、復興が始まっている、と感じました。

この時期、自分の持ち場で精一杯自分を役立てようとしている人、仮に被災現場と離れた所にいても、その場その場で自分の務めを心をこめて果たすことで、被災者との連帯を感じていたと思われる人々が実に多くあり、こうした目に見えぬ絆が人々を結び、社会を支えている私たちの国の実相を、誇らしく感じました。災害時における救援を始め、あらゆる支援に当たられた内外の人々、厳しい環境下、原発の現場で働かれる作業員を始めとし、今も様々な形で被災地の復旧、復興に力を尽くしておられる人々に深く感謝いたします。

この度の災害は、東北という地方につき、私どもに様々なことを教え、また、考えさせました。東北の抱える困難と共に、この地域がこれまで果たしてきた役割の大きさにも目を向けさせられました。この地で長く子どもたちに防災教育をほどこして来られた教育者、指導者のあったことも、しっかりと記憶にとどめたいと思います。今後この地域が真によい復興をとげる日まで、陛下のお言葉のように、この地に長く心を寄せ、その道のりを見守っていきたいと願っています。

決して取り乱すことなく、強い連帯感を持ち、互いに助け合って

（平成23年　天皇陛下お誕生日ご感想より）

天皇陛下　3月11日に起こった東日本大震災は、今から88年前の大正12年、10万人以上の死者を出した関東大震災以来の大きな災害で、死者、行方不明者数は2万人近くに上りました。更に後日この地震に誘発された地震が長野県の栄村を始めとして各地で起こり、犠牲者が出たところもありました。家族や親しい人を亡くした人々の悲しみはいかばかりかと察しています。また住まいや

生活の場を失った人々、原発の事故で住んでいた地域に住めなくなった人々のことが深く案じられます。震災発生以後、皇后と共に被災地や各地に設けられた被災者のための避難所を訪れ、被災者を見舞ってきましたが、これらの訪問を通して、被災者が様々な悲しみや苦しみを抱えつつも、決して取り乱すことなく、強い連帯感を持ち、互いに助け合って困難を乗り越えようとしていることが感じられ、そのことを非常に心強く思いました。また日本各地で、人々が被災者のために支援活動を始めたり、何らかの形でこれに携わろうとしていることも心強いことでした。

厳しい環境の下、我が身の危険も顧みず、専心救援活動に当たった自衛隊、警察、消防、海上保安庁を始めとする国や地方自治体関係者、また原発事故の対応に当たった、東京電力及びその関係者の献身的努力に深く感謝しています。

諸外国からも救援の人々が来日し、日本の救援活動を助けてくれました。また駐日外国大使等日本に住んでいる外国人を始め、災害発生後日本を訪れた多くの外国人も、被災地を訪れ被災者を励まされていることに感謝しています。震災に際して頂いた外国元首からのお見舞いの電報の多くに、自分たちは被災者と共にある、という言葉が添えられていたことが思い起こされます。

家族の人々の長引く心労を思わずにはいられません

（平成24年　皇后陛下お誕生日文書ご回答より。1年を振り返ってのご感想）

皇后陛下　東日本大震災からすでに1年7ヶ月が経ちましたが、質問にもありましたように、復興への道のりは険しく、被災した多くの人々が、今も各地で苦しい生活を余儀なくされています。痛ましいことに、災害以来これだけの月日が経っておりますのに、行方不明者の数は今も2千7百名を超え、家族の人々の長引く心労を思わずにはいられません。また、目に見えぬ放射能の影響下にある福島や周辺地域の人々の不安には、そこを離れて住む者には計り知れぬものがあると思われます。どうかこれらの人々が、最も的確に与えられる情報の許《もと》、安全で、少しでも安定した生活が出来るよう願うと共に、今も原発の現場で日々烈しく働く人々の健康にも、十分な配慮が払われることを願っています。

被災地に再び厳しい冬が巡ってきています

（平成24年12月19日　天皇陛下お誕生日記者会見より。1年を振り返ってのご感想）

天皇陛下　東日本大震災から1年9か月がたち、被災地に再び厳しい冬が巡ってきています。放射能汚染によりかつて住んでいた所に戻れない人々、雪の積もる仮設住宅で2度目の冬を過ごさなければならない人々など、被災者のことが深く案じられます。震災時の死者行方不明者数は1万8千人余と報じられましたが、その後、2千人以上の震災関連の死者が生じたため、犠牲者は2万人を超えました。地震や津波を生き抜いた人々が、厳しい生活環境下、医療などが十分に行き届かない状況の中で亡くなったことは誠にいたわしいことと感じています。また、被災地の復興には放射能汚染の除去や、人体に有害な影響を与える石綿が含まれるがれきの撤去など、危険と向き合った作業が行われなければならず、作業に携わる人々の健康が心配です。放射能汚染の除去の様子は福島県の川内村で見ましたが、屋根に上がって汚染を水流で除去するなど、十分に気を付けないと事故が起こり得る作業のように思いました。安全に作業が進められるよう切に願っています。

被災した地域の人々に寄り添う気持ちを持ち続けなければ

（平成25年　皇后陛下お誕生日文書ご回答より。
1年を振り返ってのご感想）

皇后陛下　この10月で、東日本大震災から既に2年7か月以上になりますが、避難者は今も28万人を超えており、被災された方々のその後の日々を案じています。

7月には、福島第一原発原子炉建屋の爆発の折、現場で指揮に当たった吉田元所長が亡くなりました。その死を悼むとともに、今も作業現場で働く人々の安全を祈っています。大震災とその後の日々が、次第に過去として遠ざかっていく中、どこまでも被災した地域の人々に寄り添う気持ちを持ち続けなければと思っています。

人々の恐怖はいかばかりであったか

（平成26年12月19日　天皇陛下お誕生日記者会見より。
1年を振り返ってのご感想）

天皇陛下　（前略）８月には大雨が広島市を襲い、土砂災害によって74人が亡くなりました。先日被災地を訪問しましたが、暗闇の中で木がなぎ倒され、大きな石が土砂と共に落下してくる状況は想像するだに恐ろしく、人々の恐怖はいかばかりであったかと思います。

また９月には、御嶽山の噴火により、死者、行方不明者が63人となりました。紅葉を楽しもうと登った人々であったことを思い、心が痛みます。

高齢者の屋根の雪下ろしはいつも心配しています

（平成26年12月19日　天皇陛下お誕生日記者会見より。1年を振り返ってのご感想）

天皇陛下　新聞に大きく取り上げられるような災害ではありませんが、常々心に掛かっていることとして多雪地帯での雪害による事故死があります。日本全体で昨冬の間に雪で亡くなった人の数が95人に達しています。この数値は広島市の大雨による災害や御嶽山の噴火による災害の死者数を上回っています。私自身高齢になって転びやすくなっていることを感じているものですから、高齢者の屋根の雪下ろしはいつも心配しています。高齢者の屋根の上での作業などに配慮が行き届き、高齢者が雪の多い地域でも安全に住めるような道が開けることを願ってやみません。

困難に遭遇している人々を助けようという気持ち

(平成27年12月18日　天皇陛下お誕生日記者会見より。1年を振り返ってのご感想)

天皇陛下　今年の自然災害としては、まず5月に鹿児島県の口永良部島の新岳《しんだけ》が噴火して、海岸まで達する火砕流が発生し、全島民が島から避難したことが挙げられます。火砕流は雲仙岳の噴火災害のお見舞いに行った時に見ましたが、海岸まで達する火砕流は本当に恐ろしい光景だったと思います。島民は幸い皆無事でしたが、まだ避難生活が続いていることに心を痛めています。

9月には豪雨により鬼怒川などが氾濫し、8人が亡くなる大きな災害となりました。（中略）水につかった家屋や田畑の復旧作業には多くの労力を必要とするもので、多数のボランティアが協力してくれていることをうれしく思っています。困難に遭遇している人々を助けようという気持ちが日本人の中に豊かに育っていることを非常に心強く思います。

被災者を孤独の中に取り残したり置き去りにすることのない社会

（平成28年　皇后陛下お誕生日文書ご回答より。1年を振り返ってのご感想）

皇后陛下　自然の歴史の中には、ある周期で平穏期と活性期が交互に来るといわれますが、今私どもは疑いもなくその活性期に生きており、誰もが災害に遭遇する可能性を持って生活していると思われます。皆《みな》が防災の意識を共有すると共に、皆してその時々に被災した人々を支え、決して孤独の中に取り残したり置き去りにすることのない社会を作っていかなければならないと感じています。

1日も早く日常を取り戻せるよう、国民皆が寄り添い、協力していくこと

（平成28年12月20日　天皇陛下お誕生日記者会見より。
1年を振り返ってのご感想）

天皇陛下　東日本大震災が発生してから5年を超えました。3月には、福島県、宮城県の被災地、そして9月には岩手県の被災地を訪問し、復興へ向けた努力の歩みとともに未《いま》だ困難な状況が残されている実情を見ました。その中で岩手県大槌町では、19年前に滞在した宿に泊まりましたが、当時、はまぎくの花を見ながら歩いたすぐ前の海岸が、地震で海面下に沈んで消えてしまっていることを知り、自然の力の大きさ、怖さをしみじみと思いました。

この5年間、皆が協力して復興の努力を積み重ね、多くの成果がもたらされてきました。しかし同時に、今なお多くの人が困難をしのんでおり、この人々が、1日も早く日常を取り戻せるよう、国民皆が寄り添い、協力していくことが必要と感じます。

4月には熊本地震が発生しました。14日夜の地震で、多くの被害が出ましたが、16日未明に本震が発生し、更に大きな被害が出ました。その後も長く余震

が続き、人々の不安はいかばかりであったかと思います。

5月に現地を訪れましたが、被害の大きさに胸を痛めるとともに、皆が協力し合って困難を乗り越えようと取り組んでいる姿に、心を打たれました。

車中から見た災害の大きさ

（平成29年12月20日　天皇陛下お誕生日記者会見より。1年を振り返ってのご感想）

天皇陛下　特に7月には九州北部がまれに見る豪雨に見舞われ、多くの人命が失われるなど、大きな被害を受けました。10月に福岡県朝倉市と大分県日田市をお見舞いに訪れましたが、朝倉市に向かう車中から見た災害の大きさは、自然の力の恐ろしさを改めて感じさせるものでした。被害に遭った人々が深い悲しみの中にありながら、皆で協力して懸命に復興に取り組んでいることを、心強く思いました。

また、11月には鹿児島県屋久島を訪れ、その西方12キロに浮かぶ口永良部島で、2年半余り前に起きた火山噴火によって屋久島への全島避難を余儀なくされた人々をお見舞いしました。噴火に先立ち避難訓練を行っていたこともあって、幸い速やかに全島民が無事に屋久島に避難したと聞きました。屋久島の人々の助けを得て避難生活を送り、今は多くの人が口永良部島に戻り、復興に取り組みながら元の生活に戻りつつあることを、うれしく思います。

よく帰ってきたね

（平成8年　皇后陛下お誕生日文書ご回答より。1年を振り返ってのご感想）

皇后陛下　オリンピックの女子マラソンは素晴らしい試合でした。競技を終えた有森選手、ロバ選手に、それぞれのお母様が語りかけられた「よく帰ってきたね」「強くて美しい子」という言葉が、深く印象に残りました。

日本で行われる初めてのパラリンピック冬季競技会

（平成9年12月18日　天皇陛下お誕生日記者会見より。翌年に長野五輪開催を控えてのお気持ちを尋ねられて）

天皇陛下　（前略）パラリンピック冬季競技会は日本で行われる初めての大会ですが、私は33年前、オリンピック東京大会の後で行われたパラリンピック東京大会の名誉総裁を務めましたので、この大会を前にその時の大会のことが思い起こされます。当時は、日本の選手は病院や施設からの参加者であり、バスケットボールチームも1つしかありませんでした。今日、障害者への関心が高まり、福祉も充実し、障害者スポーツも盛んになってきていることに深い感慨を覚えます。また、皇后にとっては選手の通訳のために創設された日本赤十字社語学奉仕団に日本赤十字社の名誉副総裁としてかかわり、やはり心に残る大会であったと思います。

手で太陽観測船を回収するという困難な作業

（平成9年12月18日　天皇陛下お誕生日記者会見より。1年を振り返ってのご感想）

天皇陛下　（前略）スペースシャトルの土井さんがスコット飛行士と手で太陽観測船を回収するという困難な作業を行い、無事戻ってきたこともうれしいことでした。

ウエーブのこと

（平成10年　皇后陛下お誕生日文書ご回答より。長野パラリンピックでウエーブに参加されたことについて）

皇后陛下　ウエーブは、見るのもするのも始めてのことでした。不思議な波が、私たちの少し前で何回かとまり、左手の子供たちが、心配そうにこちらを見ておりましたので、どうかしてこれをつなげなければと思い、陛下のお許しを頂いて加わりました。私自身は、その後波が半周し、向かい側の吹奏楽団の生徒たちが、チューバやホルンをもってとびはねたのが面白く、もっと見たくて、次の何回かの波にも加わりました。

選手が喜びに満ちて競技している姿は、本当にうれしく感じました

（平成10年12月18日　天皇陛下お誕生日記者会見より。同年に行われた長野五輪について）

天皇陛下　長野オリンピック冬季競技大会は多くの日本人に明るい気持ちを与えたことと思います。日本選手の活躍と長野県民を始めとして多くの人々の協

力の下で、この大会が立派に支えられたことを名誉総裁として深く感謝しています。また、一校一国運動などの行事も世界の国々を理解し友好を深める意味で意義深い行事であったと思います。引き続いて行われたパラリンピック冬季競技大会も国民の関心を集め、多くの人々の協力の下、日本選手が活躍する盛んな大会になったことをうれしく思っています。私は34年前、東京オリンピック大会の後で行われた国際身体障害者スポーツ大会の名誉総裁を務めましたが、当時の身体障害者スポーツはリハビリの一環として行われていました。スポーツとしてこの度パラリンピックが行われ、選手が喜びに満ちて競技している姿は、本当にうれしく感じました。

世界の中で日本の国技を担っていく人々の苦労にはひとしおのものがあることでしょう

(平成11年　皇后陛下お誕生日文書ご回答より。1年を振り返ってのご感想)

皇后陛下　心にかかることの多い一年でしたが、10月に入り、「国境なき医師団」のノーベル平和賞決定、柔道の世界選手権における日本選手の活躍のうれしいニュースに接しました。世界の中で日本の国技を担っていく人々の苦労にはひとしおのものがあることでしょう。選手、関係者の喜びが察せられます。

化学の基礎の分野に高いレベルを有することを誇らしく思います

(平成12年　皇后陛下お誕生日文書ご回答より。1年を振り返ってのご感想)

皇后陛下　10月には白川英樹名誉教授が今年度のノーベル化学賞を受賞されることが報道されました。日本が材料科学という、化学の基礎の分野に高いレベルを有することを誇らしく思います。

人々の地道な努力が花開くのを見る喜び

（平成13年　皇后陛下お誕生日文書ご回答より。1年を振り返ってのご感想）

皇后陛下　テロを始めとし、悲しい出来事の多い中で、人々の地道な努力が花開くのを見る喜びもありました。昨年の白川名誉教授に引き続き、今年もノーベル化学賞を日本の野依良治教授が受けられることは、素晴らしいニュースでした。また、いまだ楽観は許されませんが、ここ数年心配されていた結核の罹患率も、4年ぶりに減少に転じ、関係者の努力をしのんでいます。

野茂投手を始めとし、日本の野球選手たちが、大リーグでそれぞれ個性的に活躍していることもうれしく、ニュースで見て、驚いたり喜んだりしています。

日本の多くの人々が楽しみ、喜ぶことがあり、私もうれしゅうございました

（平成14年　皇后陛下お誕生日文書ご回答より。1年を振り返ってのご感想）

皇后陛下　この1年、W杯におけるサッカーの選手たちの活躍や、二人の科

学者のノーベル賞受賞など、日本の多くの人々が楽しみ、喜ぶことがあり、私もうれしゅうございました。長年にわたり研究の道を歩み、立派な成果を上げられた小柴さん、田中さんの栄誉をお祝いいたします。

子供のころに本から多くの恩恵を受けた者として

（平成14年　皇后陛下お誕生日文書ご回答より。ＩＢＢＹ（国際児童図書評議会）50周年記念大会ご出席のため、同年におひとりでスイスを訪問されたことについて）

皇后陛下　この度の旅行につきましては、長い間ためらっておりましたが、子供のころに本から多くの恩恵を受けた者として、ＩＢＢＹの50周年を祝うバーゼル大会へのお招きをお受けいたしました。60を超える各国支部と、まだ支部を形成することのできない国や地域の多数の個人会員を、ただ二人の事務局が支えているという、信じられぬような切りつめた組織がとり行った大会であるにもかかわらず、事務局を始め、それを支える幹部会員の真心と熱意が、会場にしみ渡っているように感じられる見事な会であったと思います。

今回の大会の参加は、陛下のお励ましを頂き、また、多くの方々に支えていただいて、始めて可能となったことでした。今後は開会式の挨拶でも申しましたように、この度の経験から、少しでもIBBYの活動への理解を深めた者として、遠くからではありますが、この地道な活動を見守っていきたいと思います。

イチロー選手

（平成16年　天皇陛下お誕生日文書ご回答より。1年を振り返ってのご感想）

天皇陛下　（前略）イチロー選手の大リーグで成し遂げた大きな成果も心に残ることでした。そして、その成果の達成を米国の人々が応援してくれたこともうれしいことでした。

多くの人々に明るい気持ちと励ましを与えたことと思います

（平成20年　天皇陛下お誕生日ご感想より）

天皇陛下　また、南部陽一郎博士、小林誠博士、益川敏英博士の3名の方がノーベル物理学賞を、下村脩博士がノーベル化学賞を受賞したことも、喜ばしいことでした。どちらも、多くの人々に明るい気持ちと励ましを与えたことと思います。

リレーの引継ぎの巧みさとチームの持つ強い一体感

（平成20年　皇后陛下お誕生日文書ご回答より。1年を振り返ってのご感想）

皇后陛下　北京五輪では、何よりも前回のアテネで入賞し、4年後の今回再び栄誉に輝いた人たちの、この間の計り知れない努力に敬意を表します。期間中、実況やニュースで時間の許す限り競技を見ました。今回は特に陸上の男子

400メートル・リレーや、水泳の男子400メートル・メドレーで、走者や泳者が交代する時の引継ぎの巧みさと、チームの持つ強い一体感に感銘を受けました。
又、五輪の関係ではありませんが、同じスポーツ分野で記憶に残っていることに、野茂投手と王監督の引退がありました。それぞれが日本の球史に残された足跡を思い、今後も元気に過ごされるよう願っています。

年が明けてから、両夫妻にお話を聞くのを楽しみにしています

(平成22年12月20日　天皇陛下お誕生日記者会見より。1年を振り返ってのご感想)

天皇陛下　(前略)　晴れやかなニュースとしては、日本人2名(編集部注:根岸英一博士、鈴木章博士)のノーベル化学賞の受賞が挙げられます。授賞式において、お二人がメダルをスウェーデン国王陛下から受けられる様子をテレビのニュースで見て誠にうれしい気持ちを覚えました。年が明けてから、両夫妻にお話を聞くのを楽しみにしています。

女子サッカーチーム「なでしこ」

（平成23年　皇后陛下誕生日文書ご回答より。1年を振り返ってのご感想）

皇后陛下　恵まれぬ環境下で、長く努力を重ねてきた女子サッカーチーム「なでしこ」のワールドカップ優勝、美しい演技で知られる日本体操チームの世界選手権での活躍、魁皇関の立派な記録達成等、今年のスポーツ界には、うれしいニュースが続きました。園遊会に出席の佐々木監督と澤選手は、あの日どんなに大勢の人から喜びの言葉をかけられたことでしょう。大きな魁皇関は、芝生の斜面に笑顔でゆったりと立っておられました。

研ぎ澄まされた感覚でボールを防ぐ姿には深い感動を覚えました

（平成24年12月19日　天皇陛下お誕生日記者会見より。1年を振り返ってのご感想）

天皇陛下　明るいニュースとしてはロンドンオリンピック、ロンドンパラリンピックでの日本選手の活躍が挙げられます。ロンドンオリンピックで日本が獲得したメダル数は、これまでのオリンピックの中で最多でした。また、ロンドンパラリンピックでは、車いすテニスの国枝選手がシングルスで北京大会に続いて2連覇を達成するなど、日本の選手は様々な分野で活躍しました。金メダルをとったゴールボールの試合も映像で楽しく見ました。研ぎ澄まされた感覚でボールを防ぐ姿には深い感動を覚えました。脊髄損傷者の治療として英国で始められた身体障害者スポーツが、今日ではすっかりスポーツとして認められるようになったことに感慨を覚えます。

山中伸弥教授のノーベル医学生理学賞受賞も誠にうれしいニュースでした。特に再生医療に結び付く大きな成果は、今後多くの人々に幸せをもたらすものとなることと期待しています。

東京開催の決定は、当日早朝の中継放送で知りました

（平成25年　皇后陛下お誕生日文書ご回答より。1年を振り返ってのご感想）

皇后陛下　オリンピック、パラリンピックの東京開催の決定は、当日早朝の中継放送で知りました。関係者の大きな努力が報われ、東京が7年後の開催地と決まった今、その成功を心から願っています。

3博士の業績を誇りとし、深く敬意を表します

（平成26年12月19日　天皇陛下お誕生日記者会見より。1年を振り返ってのご感想）

天皇陛下　この1年を振り返り、印象深い出来事としては、最近スウェーデンで行われたノーベル物理学賞の授賞式で赤崎、天野、中村3博士が受賞されたことです。赤崎、天野両博士が青色発光ダイオードを作り、さらに同じ頃独自

にもその研究を果たしていた中村博士によりその実用化が進められました。照明器具として消費電力が少なく、発光による熱し方も少ないことから、社会の様々な分野で利用されていくことと思います。成果を上げられた3博士の業績を誇りとし、深く敬意を表します。

長年にわたる地道な研究を誠に尊いものと思います

(平成27年12月18日　天皇陛下お誕生日記者会見より。1年を振り返ってのご感想)

天皇陛下　今年の喜ばしい出来事としては、まず二人の日本人がノーベル賞を受賞されたことが挙げられます。大村博士の生理学・医学賞は、アフリカや南米で、人に感染すると盲目になる危険をもたらすオンコセルカ症を治す薬を地中の菌から作り出されたことなどの業績によるものです。私は以前、オンコセルカ症を患って盲目になった人々が連なって歩いている痛ましい映像を見ていましたので、この病気を治す薬が出来たということを本当にうれしく思いました。

一方、梶田博士の物理学賞は、神岡鉱山の地下にあるスーパーカミオカンデにおけるニュートリノの研究で、ニュートリノに質量があることを見出されたことに対する受賞でした。11年前、スーパーカミオカンデを訪問したことが思い起こされました。お二人の長年にわたる地道な研究を誠に尊いものと思います。
また、日本製のジェット旅客機が完成し、試験飛行が行われたこともうれしいことでした。かつて日本で戦後初めてつくられたプロペラの旅客機YS11の試験飛行を、羽田の空港で関係者と共に見守ったことが懐かしく思い起こされました。それから50年以上がたったわけです。

北里柴三郎博士、戸塚洋二さんの上にも思いを導いて下さったことを有難く思いました

(平成27年 皇后陛下お誕生日文書ご回答より。1年を振り返ってのご感想)

皇后陛下 この回答を記している最中《さなか》、日本のお二人の研究者、大村智さんと梶田隆章さんのノーベル賞受賞という明るい、嬉しいニュースに接しました。

受賞を心から喜ぶと共に、お二人が、それぞれの研究分野の先達であり、同賞の受賞こそなかったとはいえ、かつてそれに匹敵する研究をしておられた北里柴三郎博士や、つい7年前に亡くなられた戸塚洋二さんの業績を深い敬意をもって語られることで、これらの方々の上にも私どもの思いを導いて下さったことを有難く思いました。

静かな研究生活に戻ることができることを願っています

（平成28年12月20日　天皇陛下お誕生日記者会見より。1年を振り返ってのご感想）

天皇陛下　12月には、長年にわたるオートファジーの研究で、大隅博士がノーベル賞を受賞されました。冬のスウェーデンで、忙しい1週間を過ごされた博士が、今は十分な休養をとられ、再び自らが望まれているような、静かな研究生活に戻ることができることを願っています。

清すがしい引退会見

（平成29年　皇后陛下お誕生日文書ご回答より。1年を振り返ってのご感想）

皇后陛下　スポーツの世界でも、様々な良い報《しら》せがありました。特に女子スピードスケートの世界スプリント選手権で、日本女子が初めて総合優勝に輝いたこと、陸上競技100メートル走で、遂《つい》に10秒を切る記録が出、続いて10秒00の好記録がこれを追う等、素晴《すば》らしい収穫の1年でした。現役を引退するフィギュアスケートの浅田真央さん、ゴルフの宮里藍さん、テニスの伊達公子さんの、いずれも清《すが》すがしい引退会見も強く印象に残っています。（中略）

宗像・沖ノ島と関連遺産群がユネスコの世界遺産に登録されることも喜ばしく、今月、宗像大社を訪れることを楽しみにしています。

今も深く記憶に残っている「日の名残り」

（平成29年　皇后陛下お誕生日文書ご回答より。1年を振り返ってのご感想）

皇后陛下　今年もノーベル賞の季節となり、日本も関わる二つの賞の発表がありました。

文学賞は日系の英国人作家イシグロ・カズオさんが受賞され、私がこれまでに読んでいるのは1作のみですが、今も深く記憶に残っているその1作「日の名残り」の作者の受賞を心からお祝いいたします。

第三章

幸せを祈られるおことば

皇太子殿下時代の昭和56年8月7日に行われた記者会見で、天皇陛下は「日本人として忘れてはならない4つの日」を挙げられました。6月23日の沖縄慰霊の日、8月6日の広島原爆の日、8月9日の長崎原爆の日、そして8月15日の終戦記念日です。

天皇陛下は「戦没者の追悼はきわめて大切なこと」とされ、ご即位後の節目の年には皇后陛下とご一緒に国内外の激戦地へ足を運んで戦没者の御霊を慰めてこられました。常に沖縄の復興と沖縄の人々の幸せを気にかけ、何度も訪問されました。

また両陛下は折々に実にさまざまな話題や社会問題について率直なご意見やお気持ちを述べていらっしゃいます。その視点の高さ、広さはややもすれば短絡的な思考に陥りがちな私たちに新しい視点をもたらしてくれます。

私の立場から外国の人々との理解と友好関係の増進に努めていきたい

（平成2年12月20日　天皇陛下お誕生日記者会見より。外国ご訪問についてのお考えを尋ねられて）

天皇陛下　今後の世界はあらゆる国々が国際社会の一員として、国と国との交渉とともに、人と人との交流を通じて人類の幸福のために、住み良い世界を作っていかなければならない時だと思います。したがって、私の立場から外国の人々との理解と友好関係の増進に努めていきたいと思っています。今後の訪問に当たっては、政府の方で話が進められていくと思いますが、訪問に当たっては、そのような心掛けでやっていきたいと思っています。

戦争によって、多くの人命が失われ、また、苦しみを受けたことを思い、心が痛みます

（平成3年12月19日　天皇陛下お誕生日記者会見より。
真珠湾での日米開戦から50年目の節目の年を迎えてのご感想）

天皇陛下　戦争によって、多くの人命が失われ、また、苦しみを受けたことを思い、心が痛みます。

日本は、戦後このような戦争の惨禍を再び繰り返すことのないように、平和国家として生きることを決意し、世界の平和と繁栄に努めてきました。50年を経た今日、過去を冷静に、謙虚に振り返ることは、世界の人々との理解と友好を深める上で意義深いことと思います。

日本が平和な世界を目指して、国際社会に貢献していくことを切に願っております。

沖縄にはできる限り早く行きたい

（平成3年12月19日　天皇陛下お誕生日記者会見より。
沖縄本土復帰20周年を翌年に控えてのご感想）

天皇陛下　沖縄には、是非ともよい時期に出来る限り早く行きたいと思っております。

沖縄島では三人に一人、伊江島では二人に一人の人が、島民がなくなった

（平成4年12月21日　天皇陛下お誕生日記者会見より。歴代天皇として初めての沖縄ご訪問を翌年に控えてのご感想）

天皇陛下　植樹祭の機会に沖縄県を訪問することができることをうれしく思っています。沖縄県は前の戦争で一般の人々を巻込んだ地上戦が行われた唯一のところであり、初めて沖縄県を訪問した時、当時の知事から沖縄島では三人に一人、伊江島では二人に一人の人が、島民がなくなったということを聞いたことが忘れられません。肉親や身近な人々をなくした人々の悲しみを思う時本当に心が痛みます。訪問に当たってはそのことを念頭に置いて、訪問するつもりです。

同じ気持ちで行く

（平成4年12月21日　天皇陛下お誕生日記者会見より。沖縄ご訪問に関し、皇太子時代のご訪問と天皇としてのご訪問との違いを尋ねられて）

天皇陛下　やはり、最後のときはご名代という形で行きましたし、同じ気持ちで行くということになると思います。先ほどお話したような気持ちで行くということになると思います。

平和は、戦争がないというだけの受け身な状態ではなく

（平成6年6月3日　アメリカご訪問前の外国記者質問より。日本国および日本国民に関し、一番関心のあることを尋ねられて）

皇后陛下　関心のあることの中から「一番」を選びだすことは難しいのですが、日本国に関しては、平和で、退廃的でなく、礼節を重んじる国であるかどうかということ、日本国民に関しては、一人一人が幸せであるかどうかを、折に触れて考えます。

平和は、戦争がないというだけの受け身な状態ではなく、平和の持続のためには、人々の平和への真摯《しんし》な願いと、平和を生きる強い意志が必要ではないかと思います。日本の平和が、常に私ども日本人の意識の中で求められ、叡知と

努力によって実現しているものであってほしいと願っています。そして平和の中で、人々の思想や文化が退廃に向かうことなく、たくましさと洗練の度を高めていくこと、また、私ども日本人が常に謙虚で他の人々、他の国々を尊重し、自国民同士の間にあっても、他国の人々に対しても、礼節を重んじる国柄を作り上げていくことができれば嬉しいことと考えています。

日本国民の幸せは、皇室歴代の変わりない関心事でした。今、日本の多くの人々が、幸せの意味を深く考え、生活の質、そして生きる喜びを模索しているように感じます。私の立場でできることは少ないのですが、陛下がなさっているように、私も常に人々とともにあり、ともに考え、喜び悲しみを分かち、日本と日本国民の幸せを祈り続けていきたいと思っています。

いまだに1万柱以上の遺骨が地下に眠っていることに心を痛めております

(平成6年12月20日　天皇陛下お誕生日記者会見より。1年を振り返ってのご感想)

天皇陛下　私自身のことに関しましては、２月に復帰25周年を経た硫黄島、父島、母島を訪問したことが深く印象に残っています。硫黄島では日米合わせて３万人近くの人命が失われ、いまだに１万柱以上の遺骨が地下に眠っていることに心を痛めております。父島、母島は固有の生物相に恵まれ、その自然が守られるとともに、住んでいる人々にとっても幸せな島であるよう願っております。

とりわけ戦争の禍の激しかった土地に思いを寄せていく

（平成６年12月20日　天皇陛下お誕生日記者会見より。戦後50年を翌年に控え、この間の日本の歩みを振り返ってのご感想、また訪れてみたい場所を尋ねられて）

天皇陛下　来年は戦争が終わって、50年になります。戦争による多くの犠牲者とその遺族のことは少しも念頭を離れることはなく、今後ともその人々のことを思いつつ、平和を願い続けていくつもりです。この機会に訪れたいところということですが、具体的に訪れたいところを言うことは出来ませんが、この年に当たり、とりわけ戦争の禍の激しかった土地に思いを寄せていくつもりでいます。

戦争で亡くなった全ての人々の鎮魂を祈りました

（平成7年　皇后陛下お誕生日文書ご回答より。戦後50年の節目の年に当たり、夏に行われた「慰霊の旅」についてのご感想）

皇后陛下　慰霊の旅では、戦争の被害の最も大きかった4地域を訪れましたが、この訪問に重ね、戦争で亡くなった全ての人々の鎮魂を祈りました。

戦争により、非命に倒れた人々、遺族として長い悲しみをよぎなくされた人々、更に戦争という状況の中で、運命をたがえた多くの人々の上を思い、平和への思いを新たにいたしました。

今日の日本がこのような犠牲の上に築かれたことを心に銘じ、これからの道を進みたい

（平成7年12月21日　天皇陛下お誕生日記者会見より。戦後50年に当たり、1年を振り返ってのご感想）

天皇陛下　今年は戦争が終わって50年という節目の年に当たり、戦争の災禍の最も激しかった長崎、広島、沖縄、東京を訪れ、また、8月15日の戦没者追悼式に臨んで、戦禍に倒れた人々の上を思い、平和を願いました。また、今年は硫黄島やハバロフスクで慰霊祭が行われました。希望に満ちた人生に乗り出そうとしていた若い人々が戦争により、また、厳しい環境の中で病気により亡くなったことを深く哀惜の念に感じます。今日の日本がこのような犠牲の上に築かれたことを心に銘じ、これからの道を進みたいものと思います。

若い世代に語り継がれていかなければならない

（平成7年12月21日　天皇陛下お誕生日記者会見より。これからの1年の抱負を尋ねられて）

天皇陛下　今年は戦争が終わって50年という節目の年に当たり、皆が様々に思いを深めた年であったと思います。戦争の惨禍については、今後とも若い世代に語り継がれていかなければならないと思います。今後ますます多くの人々が美しい珊瑚礁に囲まれた沖縄の島々や、かつての激戦地を訪れることと思いますが、その人々がそれぞれの地で多くの命が失われたことに心し、訪れてほしいと思います。

沖縄の人々に対する本土の人々の務め

（平成8年12月19日　天皇陛下お誕生日記者会見より。1年を振り返ってのご感想）

天皇陛下　沖縄の問題は、日米両国政府の間で十分に話し合われ、沖縄県民の幸せに配慮した解決の道が開かれていくことを願っております。沖縄は、先の大戦で地上戦が行われ、大きな被害を受けました。沖縄本島の島民の3分の1の人々が亡くなったと聞いています。さらに、日本と連合国との平和条約が発効し、日本の占領期間が終わった後も、20年間にわたって米国の施政権下にありました。このような沖縄の歴史を深く認識することが、復帰に努力した沖縄の人々に対する本土の人々の務めであると思っています。戦後50年を経、戦争を遠い過去のものとしてとらえている人々が多くなった今日、沖縄を訪れる少しでも多くの人々が、さんご礁に囲まれた島と美しい海で大勢の人々の血が流された沖縄の歴史に思いを致すことを願っています。

戦後50年という年は、亡くなった多くの人々を悼み、遺族の上を思って過ごそうと

（平成9年5月16日　ブラジル、アルゼンチンご訪問前記者会見より。2年8か月にわたって外国ご訪問を中断されていたことについて）

天皇陛下　戦後50年という年は、戦争によって亡くなった多くの人々を悼み、遺族の上を思って過ごそうと、外国訪問は考えていませんでした。

国民全体で分かち合う

（平成9年12月18日　天皇陛下お誕生日記者会見より。1年を振り返ってのご感想）

天皇陛下　本年は沖縄が復帰してから25周年に当たります。復帰してから随分長い年月がたったようにも感じますが、戦争が終わってから復帰までの年月の方がまだ復帰後よりも長いわけです。先の戦争が歴史上の出来事として考えられるようになっている今日、沖縄の人々が経験した辛苦を国民全体で分かち合

うことが非常に重要なことと思います。数日前、戦争中1500人近くの乗船者を乗せた学童疎開船対馬丸が米国の潜水艦に沈められ、その船体が悪石島の近くの海底で横たわっている姿がテレビの画面に映し出されました。私と同じ年代の多くの人々がその中に含まれており、本当に痛ましいことに感じています。

傷ついた内外の人々のことをこれからも忘れることなく

（平成10年　皇后陛下お誕生日文書ご回答より。1年を振り返ってのご感想）

皇后陛下　初夏には、陛下と御一緒に英国、デンマークを公式に訪問いたしました。英国では元捕虜の人達の抗議行動があり、一つの戦争がもたらす様々な苦しみに思いをめぐらせつゝ旅の日を過ごしました。先の戦争で、同様に捕虜として苦しみを経験した日本の人々のこともしきりに思われ、胸塞ぐ思いでした。傷ついた内外の人々のことをこれからも忘れることなく、平和を祈り続けていかなければと思います。

平和条約の発効は、私にとって喜びとともに深く心に残るものでありました

（平成12年12月20日　天皇陛下お誕生日記者会見より。20世紀を振り返ってのご感想）

天皇陛下　私の記憶がはっきりしてくるのは、第二次世界大戦に日本が加わってからのことです。平和条約の発効は、私にとって喜びとともに深く心に残るものでありました。ちょうどこの時に私は18才に達していましたので、成年皇族としての最初の務めがここから始まったからです。それは、新たに着任した大使と会う行事でした。日本が独立して国際社会に加わったことを実感しました。

沖縄返還も印象深い出来事でした。日本への復帰を願いつつ、20年間もその実現を待たなければならなかった沖縄県の人々の気持ちを、忘れてはならないと思います。深夜に行われた返還式の映像が、このことを思うと思い起こされてきます。

アフガニスタンの地にしっかりした平和が根付くことを願わずにはいられません

（平成13年12月18日　天皇陛下お誕生日記者会見より。1年を振り返ってのご感想）

天皇陛下　ちょうど30年前、私どもはアフガニスタンを訪問し、カーブルを始め、今年完全に仏像が破壊されたバーミアン、激しい戦争が行われたクンドゥーズ、また当時発掘中であったギリシャ文化の遺跡のあるアイハーヌムも訪れました。最近、カーブルの女性が顔の覆いを上げて、喜びに満ちて映像に映っている姿を見るにつけても、この地にしっかりした平和が根付くことを願わずにはいられません。

各時代に前例のないことが加わっている

（平成13年12月18日　天皇陛下お誕生日記者会見より。
アメリカの同時多発テロに対し、陛下が侍従長を通じて
駐日米国大使に弔意を伝えられたことが異例であるとの指摘に対してのご回答）

天皇陛下　この同時多発テロは、極めて多くの無辜《むこ》の人々の命を失う極めて異例な事件でした。その中には、救助に駆けつけた３５０人以上の消防士や警察官も含まれていました。弔意伝達は、異例とのことですが、このような事件は過去にもなく、その事件そのものが異例であったと思います。皇室が前例を重んじることは大切なことと思いますが、各時代に前例のないことが加わっていることも考えに入れなければなりません。今回は、このことを踏まえて、侍従長を通じて駐日米国大使に弔意を伝えました。

米国旗が降ろされ、
日の丸の旗が揚がっていく光景は、
私の心に深く残っております

（平成14年12月19日　天皇陛下お誕生日記者会見より。1年を振り返ってのご感想）

天皇陛下　今年は、沖縄が日本に復帰して30周年に当たります。30年前の5月15日、深夜、米国旗が降ろされ、日の丸の旗が揚がっていく光景は、私の心に深く残っております。先の大戦で大きな犠牲を払い、長い時を経て、念願してきた復帰を実現した沖縄の歴史を、人々に記憶され続けていくことを願っています。そして沖縄の人々が幸せになっていくことを念じています。

心に残る国立劇場おきなわの開場公演臨席

（平成16年　天皇陛下お誕生日文書ご回答より。1年を振り返ってのご感想）

天皇陛下　今年も皇居や各地で行われる行事など、様々な公務を務めてきましたが、1月の沖縄県訪問は心に残っているものの一つです。この訪問は国立劇場おきなわの開場公演に臨席することと、初めて宮古島と石垣島を訪れるためでした。先の大戦では地上戦により、戦争にかかわりのない県民が非常に多数犠牲となりました。それとともに、首里城始め沖縄の歴史を表す多くの文化財も破壊されました。このような戦争の痛手を受けた沖縄県で、琉球王国時代の文化を伝える組踊りなどの芸能が演じられる劇場ができることは非常に重要なことと考えていました。したがって国立劇場の完成は誠にうれしいことでした。今後沖縄県民を始め、沖縄県を訪れる多くの人々がこれらの芸能を鑑賞し、沖縄の文化に理解を深めるようになればと願っています。

遺族にとり、長く、重い年月であったと思います

(平成17年　皇后陛下お誕生日文書ご回答より。戦後60年に当たってサイパンを慰霊訪問されたことと、戦争の記憶の継承について)

皇后陛下　陛下は戦後49年の年に硫黄島で、50年に広島、長崎、沖縄、東京で、戦没者の慰霊を行われましたが、その当時から、南太平洋の島々で戦時下に亡くなられた人々のことを、深くお心になさっていらっしゃいました。(中略)

戦没者の両親の世代の方が皆年をとられ、今年8月15日の終戦記念日の式典

は、この世代の出席のない初めての式典になったと聞きました。靖国神社や千鳥ヶ淵に詣でる遺族も、一年一年年を加え、兄弟姉妹の世代ですら、もうかなりの高齢に達しておられるのではないでしょうか。対馬丸の撃沈で亡くなった沖縄の学童疎開の児童たちも、無事であったなら、今は古希を迎えた頃でしょう。遺族にとり、長く、重い年月であったと思います。

経験の継承ということについては、戦争のことに限らず、だれもが自分の経験を身近な人に伝え、また、家族や社会にとって大切と思われる記憶についても、これを次世代に譲り渡していくことが大事だと考えています。

61年前の厳しい戦争のことを思い、心の重い旅でした

（平成17年12月19日　天皇陛下お誕生日記者会見より。戦後60年に当たって臨まれた同年のサイパン慰霊訪問について）

天皇陛下　この度の訪問においては、それぞれの慰霊碑にお参りし、多くの人々が身を投じたスーサイド・クリフとバンザイ・クリフを訪れ、先の大戦において命を落とした人々を追悼し、遺族の悲しみに思いを致しました。

61年前の厳しい戦争のことを思い、心の重い旅でした。ただ、高齢のサイパン島民にはかつて日本の移住者が島民のために尽くしたことを今も大切に思っている人がいることはうれしいことでした。私どもが島民から温かく迎えられた陰にはかつての移住者の努力があったことと思われます。

戦没者の追悼は極めて大切なことと考えています

（平成18年12月20日　天皇陛下お誕生日記者会見より。戦没者追悼について）

天皇陛下　戦没者の追悼は極めて大切なことと考えています。先の大戦では310万人の日本人が亡くなりましたが、毎年8月15日にはこれらの戦陣に散り、戦禍に倒れた人々のことに思いを致し、全国戦没者追悼式に臨んでいます。戦闘に携わった人々も、戦闘に携わらなかった人々も、国や国民のことを思い、力を尽くして戦い、あるいは働き、亡くなった人々であり、今日の日本がその人々の犠牲の上に築かれていることを決して忘れてはならないと思います。

私どもは今までに、軍人と民間人合わせて18万6千人以上の人々が亡くなった沖縄県や、2万2千人近くの軍人が亡くなった硫黄島、そして昨年の戦後60年に当たっては、軍人と民間人合わせて約5万5千人の人々が亡くなったサイパン島を追悼の気持ちを込めて訪れました。救援の手が及ばない孤立した状態で、食糧や水も欠乏し、死者や負傷者の続出する中で、特に硫黄島では地熱に悩まされつつ、敵の攻撃に耐えて戦ってきた人々の気持ちはいかばかりであったか、言葉に言い表せないものを感じています。また原子爆弾を受けた広島市と長崎市は、熱風と放射能により、広島市ではその年のうちに約14万人、長崎市では約7万人が亡くなりました。生き残った人々も後遺症に悩み、また受けた放射能により、いつ病に襲われるか分からない不安を抱いて過ごさねばなりませんでした。

戦後に生まれた人々が年々多くなってくる今日、戦没者を追悼することは自分たちの生まれる前の世代の人々がいかなる世界、社会に生きてきたかを理解することになり、世界や日本の過去の歴史を顧みる一つの機会となることと思います。過去のような戦争の惨禍が二度と起こらないよう、戦争や戦没者のことが、戦争を直接知らない世代の人々に正しく伝えられていくことを心から願っています。

焼き場に立つ少年

（平成19年　皇后陛下お誕生日文書ご回答より。1年を振り返って特に印象に残ったことを尋ねられて）

皇后陛下　今年8月の新聞に、原爆投下後の広島・長崎を撮影した米国の元従軍カメラマンの死亡記事と並び、作品の一つ、「焼き場に立つ少年」と題し、死んだ弟を背負い、しっかりと直立姿勢をとって立つ幼い少年の写真が掲載されており、その姿が今も目に残っています。同じ地球上で今なお戦乱の続く地域の平和の回復を願うと共に、世界各地に生活する邦人の安全を祈らずにはいられません。

こうした戦争の惨禍を再び繰り返すことのないよう

（平成23年　天皇陛下お誕生日ご感想より）

天皇陛下　今年は先の戦争が始まって70年になります。この戦争における死者はおびただしい数に上り、戦後、こうした戦争の惨禍を再び繰り返すことのないよう、日本の人々は、真摯に過去を学びつつ、戦後の厳しい困難に耐え、営々と国づくりに励み、今日の日本を築き上げました。戦争の記憶が薄れようとしている今日、皆が日本がたどった歴史を繰り返し学び、平和に思いを致すことは極めて重要なことと思います。

多くの沖縄の人々に迎えられたことも心に残ることでした

（平成24年12月19日　天皇陛下お誕生日記者会見より。8年ぶりに沖縄を訪問されてのご感想）

天皇陛下　戦没者墓苑は、これは毎回お参りすることにしています。そのようなわけで、毎回お参りしている所と新しい所があって、沖縄に対する理解が更に深まったように思っています。（中略）多くの沖縄の人々に迎えられたことも心に残ることでした。沖縄は、いろいろな問題で苦労が多いことと察しています。その苦労があるだけに日本全体の人が、皆で沖縄の人々の苦労をしている面を考えていくということが大事ではないかと思っています。地上戦であれだけ大勢の人々が亡くなったことはほかの地域ではないわけです。そのことなども、段々時がたつと忘れられていくということが心配されます。やはり、これまでの戦争で沖縄の人々の被った災難というものは、日本人全体で分かち合うということが大切ではないかと思っています。

３００万を超す人々の死を無にすることがないよう

（平成26年12月19日　天皇陛下お誕生日記者会見より。翌年の戦後70年を控えて、先の戦争や平和についてのお考えを尋ねられて）

天皇陛下　先の戦争では３００万を超す多くの人が亡くなりました。その人々の死を無にすることがないよう、常により良い日本をつくる努力を続けることが、残された私どもに課された義務であり、後に来る時代への責任であると思います。そして、これからの日本のつつがない発展を求めていくときに、日本が世界の中で安定した平和で健全な国として、近隣諸国はもとより、できるだけ多くの世界の国々と共に支え合って歩んでいけるよう、切に願っています。

死者は別れた後も長く共に生きる人々

（平成27年　皇后陛下お誕生日文書ご回答より。戦後70年の節目の年を振り返られて）

皇后陛下　平和な今の時代を生きる人々が、戦時に思いを致すことは決して容易なことではないと思いますが、今年は私の周辺でも、次世代、またその次の世代の人々が、各種の催しや展示場を訪れ、真剣に戦争や平和につき考えようと努めていることを心強く思っています。先頃、孫の愛子と二人で話しておりました折、夏の宿題で戦争に関する新聞記事を集めた時、原爆の被害を受けた広島で、戦争末期に人手不足のため市電の運転をまかされていた女子学生たちが、爆弾投下4日目にして、自分たちの手で電車を動かしていたという記事のことが話題になり、ああ愛子もあの記事を記憶していたのだと、胸を打たれました。若い人たちが過去の戦争の悲惨さを知ることは大切ですが、私は愛子が、悲しみの現場に、小さくとも人々の心を希望に向ける何らかの動きがあったという記事に心を留めたことを、嬉しく思いました。

今年、陛下が長らく願っていらした南太平洋のパラオ御訪問が実現し、日本の委任統治下で1万余の将兵が散華したペリリュー島で、御一緒に日米の戦死者の霊に祈りを捧げることが出来たことは、忘れられない思い出です。かつてサイパン島のスーサイド・クリフに立った時、3羽の白いアジサシがすぐ目の前の海上をゆっくりと渡る姿に息を呑んだことでしたが、この度も海上保安庁の船、「あきつしま」からヘリコプターでペリリュー島に向かう途中、眼下に、その時と同じ美しい鳥の姿を認め、亡くなった方々の御霊《みたま》に接するようで胸が一杯になりました。

戦争で、災害で、志半ばで去られた人々を思い、残された多くの人々の深い悲しみに触れ、この世に悲しみを負って生きている人がどれ程多く、その人たちにとり、死者は別れた後も長く共に生きる人々であることを、改めて深く考えさせられた1年でした。

先の戦争のことを考えて過ごした1年

(平成27年12月18日　天皇陛下お誕生日記者会見より。
戦後70年の節目の年を振り返られて)

天皇陛下　今年は先の大戦が終結して70年という節目の年に当たります。この戦争においては、軍人以外の人々も含め、誠に多くの人命が失われました。平和であったならば、社会の様々な分野で有意義な人生を送ったであろう人々が命を失ったわけであり、このことを考えると、非常に心が痛みます。

軍人以外に戦争によって生命にかかわる大きな犠牲を払った人々として、民間の船の船員があります。将来は外国航路の船員になることも夢見た人々が、民間の船を徴用して軍人や軍用物資などをのせる輸送船の船員として働き、敵の攻撃によって命を失いました。日本は海に囲まれ、海運国として発展していました。私も小さい時、船の絵葉書を見て楽しんだことがありますが、それらの船は、病院船として残った氷川丸以外は、ほとんど海に沈んだということを後に知りました。制空権がなく、輸送船を守るべき軍艦などもない状況下でも、輸送業務に携わらなければならなかった船員の気持ちを本当に痛ましく思います。今年の6月には第45回戦没・殉職船員追悼式が神奈川県の戦没船員の碑の前で行われ、亡くなった船員のことを思い、供花しました。

この節目の年に当たり、かつて日本の委任統治領であったパラオ共和国を皇后と共に訪問し、ペリリュー島にある日本政府の建立した西太平洋戦没者の碑と米国陸軍第81歩兵師団慰霊碑に供花しました。パラオ共和国大統領御夫妻、マーシャル諸島共和国大統領御夫妻、ミクロネシア連邦大統領御夫妻もこの訪問に同行してくださったことを深く感謝しています。この戦没者の碑の先にはアンガウル島があり、そこでも激戦により多くの人々が亡くなりました。アンガウル島は、今、激しい戦闘が行われた所とは思えないような木々の茂る緑の島となっています。空から見たパラオ共和国は珊瑚礁《さんごしょう》に囲まれた美しい島々からなっています。しかし、この海には無数の不発弾が沈んでおり、今日、技術を持った元海上自衛隊員がその処理に従事しています。危険を伴う作業であり、この海が安全になるまでにはまだ大変な時間のかかることと知りました。先の戦争が、島々に住む人々に大きな負担をかけるようになってしまったことを忘れてはならないと思います。

パラオ訪問の後、夏には宮城県の北原尾、栃木県の千振、長野県の大日向と戦後の引揚者が入植した開拓の地を訪ねました。外地での開拓で多大な努力を払った人々が、引き揚げの困難を経、不毛に近い土地を必死に耕し、家畜を飼い、生活を立てた苦労がしのばれました。北原尾は、北のパラオという意味で、パラオから引き揚げてきた人々が入植したところです。

この1年を振り返ると、様々な面で先の戦争のことを考えて過ごした1年だったように思います。年々、戦争を知らない世代が増加していきますが、先の戦争のことを十分に知り、考えを深めていくことが日本の将来にとって極めて大切なことと思います。

憎しみの連鎖を断ち切る

（平成28年　皇后陛下お誕生日文書ご回答より）

皇后陛下　アキノ大統領の手厚いおもてなしを受け、この機会に先の大戦におけるフィリピン、日本両国の戦没者の慰霊が出来たことを、心から感謝しています。戦時小学生であった私にも、モンテンルパという言葉は強く印象に残るものでしたが、この度の訪問を機に、戦後キリノ大統領が、筆舌に尽くし難い戦時中の自身の経験にもかかわらず、憎しみの連鎖を断ち切るためにと、当時モンテンルパに収容されていた日本人戦犯１０５名を釈放し、家族のもとに帰した行為に、改めて思いを致しました。

戦後長く苦難の日々を送ってきた日系２世の人たち

（平成28年12月20日　天皇陛下お誕生日記者会見より。同年のフィリピンご訪問について）

天皇陛下　両国の今日の友好関係は、先の大戦で命を落とした多くのフィリピン人、日本人の犠牲の上に、長い年月を経て築かれてきました。この度の訪問において、こうした戦没者の霊の鎮まるそれぞれの場を訪ね、冥福を祈る機会を得たことは、有り難いことでした。また、戦後長く苦難の日々を送ってきた日系2世の人たちに会う機会を得たことも、私どもにとり非常に感慨深いことでした。

満蒙開拓に携わった人々の、厳しい経験への理解を深めることができました

（平成28年12月20日　天皇陛下お誕生日記者会見より。1年を振り返ってのご感想）

天皇陛下　11月中旬には、私的旅行として長野県阿智村に行き、満蒙開拓平和記念館を訪れました。記念館では、旧満州から引き揚げてきた人たちから話を聞き、満蒙開拓に携わった人々の、厳しい経験への理解を深めることができました。

日本の善意が伝達されるよう心掛けねばと思っています

（平成5年8月23日　イタリア、ベルギー、ドイツご訪問前記者会見より。外国ご訪問の際にいつも心掛けていることを問われた際のご回答）

皇后陛下　訪問を通じ、少しでも日本に対する関心と理解が深まり、また、日本の善意が伝達されるよう心掛けねばと思っています。どの国もが、それぞれの歴史を背負い、現在に至っていることを思いますと、それぞれの国が複雑な過去の重荷に耐え、その中でなお、自分の国を愛し、より望ましい姿で未来に向かって努力することが、どれ程大切であるかを感じさせられます。それぞれの国にあって、自国を思い、他国との間の平和を求めて努力をしている人々と出会い、共に生きる感覚を失うことがないよう心掛けていきたいと思っております。

複雑さに耐え、問題を担い続けていく忍耐と持久力をもつ社会であって欲しい

（平成9年　皇后陛下お誕生日文書ご回答より。最近の社会情勢で気がかりなことを尋ねられて）

皇后陛下　現在の問題でも、日本の過去に関する問題でも、簡単に結論づけることが出来ず、様々な見地からの考察と、広い分野の人々による討論が必要とされる問題が数多くあります。複雑な問題を直ちに結論に導けない時、その複雑さに耐え、問題を担い続けていく忍耐と持久力をもつ社会であって欲しいと願っています。

日本が他の国に例を見ない程急激に高齢化の時代に入っていく時、そのことへの対応が十分に出来るかどうかが心にかかります。又、高齢化に対しては、常に少子化が問題とされますが、限られた日本の国土の中で、環境を良好に保ちつつ、これから長く人々が暮らしていくためには、どのような人口の規模や構成が最も望ましいかといった基本的な問題があまり議論されないのではないかと不安を感じます。人口の問題は決して国によって制御されるべきものではないと思いますが、どの様な状態に達するのが社会として好ましいかを個々人が念頭に置き、一つの指針とすることには意味があると思います。

同じ日本人の血を分けた人々

（平成9年5月16日　ブラジル、アルゼンチンご訪問前記者会見より。日系人との交流について）

天皇陛下　日系人については、日本国籍の人も、ブラジル国籍の人も、アルゼンチン国籍の人も含まれております。日系ブラジル人や、日系アルゼンチン人にお会いする時は、ブラジル人、アルゼンチン人ということを念頭に置いてお会いしていますけれども、それとともに同じ日本人の血を分けた人々ということで深い親しみを感じております。日系の人々がそれぞれの社会に貢献し、活躍している姿は非常に誇らしく、うれしく思っております。

ブラジルの日系一世の方々の老後が寂しいものとならぬよう

（平成9年5月16日　ブラジル、アルゼンチンご訪問前記者会見より。ブラジルのサンパウロにある日系人のための福祉施設「憩いの園」を訪問されることについて）

皇后陛下　やはり一世の方々、非常に大きな苦労をされたと思いますのは、やはり移住の後に、自分の子供さん方には、まずブラジルの教育をしっかりと受けさせたいと思われたと思いますので、また、二世の人たちも一日も早くブラジルの社会に溶け込んで、それからの生活を支えることに努力をされましたので、本当に、避けることのできなかった形として、一部で日本語が失われるという事態もあって、一世の人たちの老後が、そのために寂しいものになるのではないかということを、二度目の旅行の時に深く感じておりました。そのためにも「憩いの園」のような施設があったことは、大変に良かったことだと思いますし、今、陛下が名前をお挙げになったマルガリーダ・ワタナベさん（編注：「憩いの園」創立者）のことは、本当にいつも深い感謝を持って思い出しております。

初めて試みられる制度

（平成11年　皇后陛下お誕生日文書ご回答より。1年間を振り返ってのご感想）

皇后陛下　10月には、介護保険制度の認定調査が開始されました。初めて試みられる制度に対し緊張を覚えますが、これが大勢の人々の協力を得、社会にとり良い結果をもたらすものとなるよう祈ります。

これからの日本の社会を、しっかりと支える制度

（平成12年　皇后陛下お誕生日文書ご回答より。1年を振り返ってのご感想）

皇后陛下　今年4月から実施に入った介護保険が、各市町村でどのように行われ、過疎地ではどのようになっているかを、ずっと案じてきました。この制度が、常に必要とされる改良を加えつつ、高齢化に向かうこれからの日本の社会を、しっかりと支える制度に育つことを願っています。

季刊誌『皇室』の書籍新刊のご案内

『宮中季節のお料理』

（仮題）

天皇・皇后両陛下ご成婚60年記念

宮内庁監修『皇室』編集部編

2019年5月発売（予定）

定価：本体3,000円＋税（予定） ISBN:978-4-594-08177-5

宮内庁大膳課（だいぜんか）が受け継いできた宮中に伝わる四季折々のお料理、宮中晩餐や園遊会等の宮中行事のお料理などを写真と解説で紹介。天皇・皇后両陛下のご成婚60年を記念し、御代替りを機に本邦初公開！

お問合せ先：FU SO SHA 扶桑社 販売局 電話 03-6368-8858

1年の出来事のなかで国際情勢の変化を抜いて答えることは不可能なこと

（平成14年12月19日　天皇陛下お誕生日記者会見より。
両陛下が政治的事象や国際紛争に関して発言されることについて）

天皇陛下　記者会見で（編注：旧ソ連の政治体制を）「一党独裁」と述べたところは、1956年のハンガリー動乱や、1968年の「プラハの春」自由化運動など、ソ連支配下の一党独裁体制に対する反対の運動が成功しなかったという歴史的事実を述べたものです。

また、韓国の金大中大統領閣下とお会いしたのは、ワールドカップの決勝戦のときで、その直前に起こった銃撃戦で兵士の4人が亡くなったことに対し、異国の地で大統領閣下が御心痛のこととお察ししたからです。

皇后が北朝鮮の拉致事件に触れたのは、今年の誕生日に当たっての記者会からの質問の中に、サッカーのワールドカップや日朝首脳会談などが今年行われたことを挙げ、この1年の気持ちを聞かせてほしいという質問があったからです。

私どもには、富山県高岡市で起こった拉致未遂事件という恐ろしい記憶があり、皇后が述べている「なぜ自分たちが自分たち共同社会の出来事としてこの人々の不在をもっと強く意識し続けられなかったのだろうか」という思いは、私にも非常に分かります。

なお、政治的事象や国際紛争についての発言は、従来余りなかったと思われるとのことですが、1年の出来事のなかで国際情勢の変化を抜いて答えることは不可能なことであり、湾岸戦争やソ連の情勢の変化のような大きな出来事については、これまでも1年を振り返っての記者会見で言及しています。

その国の誇りとするものに触れ、人々の精神を身近に感じたい

（平成14年6月20日　ポーランド、ハンガリーご訪問前記者会見より。初の東欧ご訪問で楽しみにしていることを問われて）

皇后陛下　3か国（編注：ポーランド、ハンガリー、チェコ）とも「東欧革命」により新しい政治体制を得ましたが、ここに至るまでの長い年月、人々が独立と自由に対する強い志向を決して失わなかったことに深く心を打たれていま

す。（中略）

これら3か国において、傷つくことの多かった歴史の中で、その国に住む人々が作り、大切に守ってきたもの、また、破壊されても再び作ったものなど、その国の誇りとするものに触れ、人々の精神を身近に感じたいと思います。また、これらの地域の現在の空気に触れ、多くの人々とよい巡り合いを持ちたいと願っています。

家を建て直し、春の種を播く

（平成14年　皇后陛下お誕生日文書ご回答より。1年を振り返ってのご感想）

皇后陛下　国外のことでは、様々な問題を残しながらも、アフガニスタンに平和が戻ったことに安堵いたしました。避難所から故郷に向かう難民の一人が、故郷で何をするかとの問いに「家を建て直し、春の種を播く」と答えていた言葉と、タリバンの厳しい禁止令下で、なお女子の学習塾が続けられていたという事実が深く印象に残っています。

日本の猪口軍縮大使が議長を務めた姿

（平成15年　皇后陛下お誕生日文書ご回答より。1年を振り返ってのご感想）

皇后陛下　今年、小型武器規制に関する中間会議で、日本の猪口軍縮大使が議長を務めた姿も、印象に残っています。年間50万人もの死者を出すといわれる小型兵器は、主として人目の届かぬ小さな国々で被害を出しており、大使が、こうした国々の被害者の声を議場に届けることを議長の役割とし、年次報告書の全会一致の採択に向けて努力する姿に胸を打たれました。

国旗、国歌については、国民一人一人の中で考えられていくことが望ましい

（平成17年4月25日　ノルウェーご訪問前記者会見より。学校での国歌斉唱と国旗掲揚についてのお考え）

天皇陛下　世界の国々が国旗、国歌を持っており、国旗、国歌を重んじること

を学校で教えることは大切なことだと思います。

国旗、国歌は国を象徴するものと考えられ、それらに対する国民の気持ちが大事にされなければなりません。

オリンピックでは優勝選手が日章旗を持ってウィニングランをする姿が見られます。選手の喜びの表情の中には、強制された姿はありません。国旗、国歌については、国民一人一人の中で考えられていくことが望ましいと考えます。

外国人で植物を見て楽しむ人々のことを考え

（平成19年5月14日　スウェーデン、エストニア、ラトビア、リトアニアご訪問前記者会見より。リンネの業績から学ばれたことはと尋ねられて）

天皇陛下　リンネの今日に残る業績は二名法の学名を創始したことだと思います。（中略）二語であれば覚えやすく、動植物の話をするとき、学名を使って話をすることもできます。皇居の東御苑にはかなりの数の外国人が訪れています。外国人で植物を見て楽しむ人々のことを考え、和名のほかに学名を付けるようにしています。

心の中に人に対する差別感を持つことがないような教育

（平成19年12月20日　天皇陛下誕生日記者会見より。年金や格差問題などの社会情勢についてのお思い）

天皇陛下　年金の問題については、戦後の復興と、その後の国の発展を目指し、一生懸命まじめに働いてきた人々が、高齢になって不安を持つことがないように、この問題が解決の方向に向かっていくことを願っています。

社会格差の問題については、格差が少ない方が望ましいことですが、自由競争によりある程度の格差が出ることは避けられないとしても、その場合、健康の面などで弱い立場にある人々が取り残されてしまうことなく社会に参加していく環境をつくることが大切です。また、心の中に人に対する差別感を持つことがないような教育が行われることが必要と思います。

ニッポンバラタナゴは日本の淡水魚の中で最も絶滅の危機にある

（平成19年12月20日　天皇陛下お誕生日記者会見より。
自然・環境をめぐる諸問題について）

天皇陛下　地球温暖化について最近アジア・太平洋水サミットへ参加されたミクロネシア大統領、ツバル首相からは海面上昇の問題、タジキスタン大統領からはパミール高原の氷河の後退の話がありました。今年の東京は暖冬で、初めて雪が観測されたのは3月16日ということでした。明治10年の統計開始以来最も遅い初雪とのことです。このように世界各地で温暖化の問題が起こっており、今後人々の生活に様々な影響を与えていくことが心配されます。現在世界各地で環境に対する関心が高まり、良好な環境の下で人々が暮らせるよう、国境を越え、また様々な分野の人々が協力し合う状況が作られつつあることは誠に心強いことです。世界の国々が協力して地球環境を少しでも良い方向に進めていくことを願っています。（中略）

なお、豊かな海づくり大会の式典で、琵琶湖水系でニッポンバラタナゴが絶滅したことを述べましたが、ニッポンバラタナゴは日本の淡水魚の中で最も絶滅の危機にあるものと思います。それは、中国から移入された体の大きいタイリクバラタナゴとの生存競争において、ニッポンバラタナゴは弱い立場にあることと、ニッポンバラタナゴとタイリクバラタナゴとの間では雑種ができるからです。したがってニッポンバラタナゴのいる池に一尾でもタイリクバラタナゴが入れば、その池のニッポンバラタナゴの純粋性は保てません。現在純粋なニッポンバラタナゴが住んでいるところは、タイリクバラタナゴのいない閉鎖水域だけになってしまいました。誠に厳しい状況にあると言わなければなりません。タイリクバラタナゴは美しい魚ですので、水槽で飼い、その後池や川に放したことにより、各地にタイリクバラタナゴが繁殖するようになったのではないかと思われます。ニッポンバラタナゴはこのような危険な状態にあるので、タイリクバラタナゴが放される心配のないところで飼育することが必要と考え、大阪府八尾市産のニッポンバラタナゴは赤坂御用地内の池で、福岡県多々良川産のニッポンバラタナゴは常陸宮に頼み、常陸宮邸内の池で、それぞれ１９８３年以来飼育され、ニッポンバラタナゴ研究会が随時調査をし、また研究に用いています。

日本は大陸と離れていた期間が長く、日本の中には琵琶湖のような古い湖、本州などと長い間隔離されていた島々があり、非常に多くの固有の生物が住んでいます。このような生物が今後とも安全に過ごせるよう日本人皆で守っていきたいものと思います。

アフガン東部の24キロに及ぶ用水路

（平成21年　皇后陛下お誕生日ご感想。1年を顧みて）

皇后陛下　アフガニスタンで農業用水路を建設中、若い専門家がテロリストにより命を奪われてから1年が過ぎ、去る8月には故人が早くより携わっていたその工事が遂に終わり、アフガン東部に24キロに及ぶ用水路が開通したとの報に接しました。水路の周辺には緑が広がっているといい、１９７１年、陛下と御一緒にこの国を旅した時のことも思い合わせ、やがてここで農業を営む現地の人々の喜びを思いつつ、深い感慨を覚えました。

人々の老後が安らかに送れるようになっていくことを切に願っています

（平成22年12月20日　天皇陛下お誕生日記者会見より。国内の高齢者の所在不明問題について尋ねられて）

天皇陛下　質問の中で言及された高齢者の所在不明問題は、私自身思いも掛けなかったことで驚きました。私はこれまで人々が無事に高齢に達することを喜ばしいことと思っていましたが、元気に過ごしていると考えられていた高齢者の中に、その生死が分からない状況にある人々がいることが明らかになったことは非常に残念なことでした。高齢化の進む社会にあって高齢者がしっかり守られていくことは極めて大切なことと思います。医療や介護に携わる人々の不足など様々な困難もあることと察せられますが、高齢者のために力を尽くす人々が増え、人々の老後が安らかに送れるようになっていくことを切に願っています。

小惑星探査機「はやぶさ」の帰還

（平成22年12月20日　天皇陛下お誕生日記者会見より。1年を振り返ってのご感想）

天皇陛下　小惑星探査機「はやぶさ」が小惑星「イトカワ」に着陸し、微粒子を持ち帰ったことは誠に喜ばしい今年の快挙でした。一時は行方不明になるなど数々の故障を克服し、ついに地球に帰還しました。行方不明になっても決して諦めず、様々な工夫を重ね、ついに帰還を果たしたことに深い感動を覚えました。

それから65年、クニマス生存の朗報に接したわけです

（平成22年12月20日　天皇陛下お誕生日記者会見より。1年を振り返ってのご感想）

天皇陛下　今年は国際連合が定めた国際生物多様性年に当たり、（中略）この生物多様性年も終わりに近い頃、日本の淡水魚が1種増えました。それは、最近新聞などでも報じられたクニマスのことです。クニマスは田沢湖にだけ生息していましたが、昭和の10年代、田沢湖の水を発電に利用するとき、水量を多くするため、酸性の強い川の水を田沢湖に流入させたため、絶滅してしまいました。ところがこのクニマスの卵がそれ以前に山梨県の西湖に移植されており、そこで繁殖して、今日まで生き延びていたことが今年に入り確認されたのです。本当に奇跡の魚《うお》と言ってもよいように思います。クニマスについては、私には12歳の時の思い出があります。この年に、私は、大島正満博士の著書「少年科学物語」の中に、田沢湖のクニマスは酸性の水の流入により、やがて絶滅するであろうということが書かれてあるのを読みました。そしてそのことは私の心に深く残るものでした。それから65年、クニマス生存の朗報に接したわけです。

このクニマス発見に大きく貢献され、近くクニマスについての論文を発表される京都大学中坊教授の業績に深く敬意を表するとともに、この度のクニマス発見に東京海洋大学客員准教授さかなクン始め多くの人々が関わり、協力したことをうれしく思います。クニマスの今後については、これまで西湖漁業協同組合が西湖を管理して、クニマスが今日まで守られてきたことを考えると、現在の状況のままクニマスを見守り続けていくことが望ましいように思われます。その一方、クニマスが今後絶滅することがないよう危険分散を図ることは是非必要です。

口蹄疫の被害を他県に及ぼすことなく食い止めた宮崎県民

(平成22年12月20日　天皇陛下お誕生日記者会見より。1年を振り返ってのご感想)

天皇陛下　農業関係の大きな出来事としては、宮崎県で発生した口蹄疫があります。長年にわたって大切に育ててきた牛や豚をことごとく処分しなければならなかった人々の悲しみ、ワクチン接種や殺処分など危険を伴う作業に携わった獣医師始め多くの人々の労苦に深く思いを致すとともに、この被害を他県に及ぼすことなく食い止めた県民の協力を深く多としています。

高齢者が雪国で安全に住めるような状況が作られていくことを切に願っています

（平成24年12月19日　天皇陛下お誕生日記者会見より。1年を振り返ってのご感想）

天皇陛下　社会の問題として心配されることは、高齢化が進んでいることであります。特に都市から離れた地方では大変深刻な問題になっていると思います。平成23年度の冬期の雪による死者は130人以上に達し、多くが除雪作業中の高齢者でした。私自身近年山道を歩く時、転びやすくなっていることを感じているので、高齢者が雪国で安全に住めるような状況が作られていくことを切に願っています。若い時には高齢のため転びやすくなることなど考えてもみませんでした。

「五日市憲法草案」のこと

（平成25年　皇后陛下お誕生日文書ご回答より。
1年を振り返ってのご感想）

皇后陛下　5月の憲法記念日をはさみ、今年は憲法をめぐり、例年に増して盛んな論議が取り交わされていたように感じます。主に新聞紙上でこうした論議に触れながら、かつて、あきる野市の五日市を訪れた時、郷土館で見せて頂いた「五日市憲法草案」のことをしきりに思い出しておりました。明治憲法の公布（明治22年）に先立ち、地域の小学校の教員、地主や農民が、寄り合い、討議を重ねて書き上げた民間の憲法草案で、基本的人権の尊重や教育の自由の保障及び教育を受ける義務、法の下の平等、更に言論の自由、信教の自由など、204条が書かれており、地方自治権等についても記されています。当時これに類する民間の憲法草案が、日本各地の少なくとも40数か所で作られていたと聞きましたが、近代日本の黎明期に生きた人々の、政治参加への強い意欲や、自国の未来にかけた熱い願いに触れ、深い感銘を覚えたことでした。長い鎖国を経た19世紀末の日本で、市井の人々の間に既に育っていた民権意識を記録するものとして、世界でも珍しい文化遺産ではないかと思います。

日曜日の朝、スカイツリーが完成に向かう姿を見ておりました

（平成24年　皇后陛下お誕生日文書ご回答より。1年を振り返ってのご感想）

皇后陛下　この1年の記憶に残る出来事の一つとして、先述の五輪、障害者五輪における日本選手の活躍と並び、スカイツリーの完成がありました。日曜日の朝、よく陛下と散策中に東御苑の本丸跡に登り、近くのビルの上に少しずつ姿を現し、やがて完成に向かう姿を見ておりました。関係者の細やかな注意により、高所で働く人の多いこの大工事が、大きな事故もなく終了したことに安堵と誇りを覚えます。

新しい横綱の誕生も、今年のよい報せでした。これまで一人横綱を懸命に務めて来た白鵬関の長い間の苦労を思っています。

ヒッグス粒子の発見

（平成24年　皇后陛下お誕生日文書ご回答より。1年を振り返ってのご感想）

皇后陛下　（前略）又驚くべきニュースの一つとして、日本の学会もそのことに関わった、ヒッグス粒子の発見がありました。今から3年前の夏、何名かの日本のノーベル賞受賞者の方々のお招きにより、陛下のお供で筑波で開かれたアジア・サイエンス・キャンプに参加した折、ポスターセッションでこのヒッグスという珍しい言葉に何度か出会っており、十分に分からぬながらも「知ってる、知ってる」という感じで、一入《ひとしお》嬉しく思ったことでした。

国民の間に格差が生じるより、皆して少しずつ豊かになっていきたい

（平成26年　皇后陛下お誕生日文書ご回答より。芸術・文化について尋ねられて）

皇后陛下　建造物や絵画、彫刻のように目に見える文化がある一方、ふとした折にこれは文化だ、と思わされる現象のようなものにも興味をひかれます。昭和42年の初めての訪伯の折、それより約60年前、ブラジルのサントス港に着いた日本移民の秩序ある行動と、その後に見えて来た勤勉、正直といった資質が、かの地の人々に、日本人の持つ文化の表れとし、驚きをもって受けとめられていたことを度々耳にしました。当時、遠く海を渡ったこれらの人々への敬意と感謝を覚えるとともに、異国からの移住者を受け入れ、直ちにその資質に着目し、これを評価する文化をすでに有していた大らかなブラジル国民に対しても、深い敬愛の念を抱いたことでした。

それぞれの国が持つ文化の特徴は、自ずとその国を旅する者に感じられるものではないでしょうか。これまで訪れた国々で、いずれも心はずむ文化との遭遇がありましたが、私は特に、ニエレレ大統領時代のタンザニアで、大統領は元より、ザンジバルやアルーシャで出会った何人かの人から「私たちはまだ貧しいが、国民の間に格差が生じるより、皆して少しずつ豊かになっていきたい」という言葉を聞いた時の、胸が熱くなるような感動を忘れません。少なからぬ数の国民が信念として持つ思いも、文化の一つの形ではないかと感じます。

そうした写真の幾つもを切り抜いて持っています

（平成28年　皇后陛下お誕生日文書ご回答より。1年を振り返ってのご感想）

皇后陛下　夏にはリオで、ブラジルらしい明るさと楽しさをもってオリンピック、パラリンピックが開催され、大勢の日本選手が、強い心で戦い、スポーツのもつ好ましい面を様々に見せてくれました。競技中の選手を写した写真が折々に新聞の紙面を飾りましたが、健常者、障害者を問わず、優れた運動選手が会心の瞬間に見せる姿の美しさには胸を打つものがあり、そうした写真の幾つもを切り抜いて持っています。

前回の東京オリンピックに続き、小規模ながら織田フィールドで開かれた世界で2回目のパラリンピックの終了後、陛下は、リハビリテーションとしてのスポーツの重要性は勿論のことながら、パラリンピックがより深く社会との接点を持つためには、障害者スポーツが、健常者のスポーツと同様、真にスポーツとして、する人と共に観る人をも引きつけるものとして育ってほしいとの願いを関係者に述べられました。今回のリオパラリンピックは、そうした夢の実現であったように思います。

50年以上にわたり世界の発展途上国で地道な社会貢献

（平成28年　皇后陛下お誕生日文書ご回答より。1年を振り返ってのご感想）

皇后陛下　50年以上にわたり世界の発展途上国で地道な社会貢献を続けて来た日本の青年海外協力隊が、本年フィリピンでマグサイサイ賞を受けたことも嬉しいことでした。この運動は、今ではシニア海外ボランティア、日系社会青年ボランティア及び日系社会シニアボランティアと更にその活動の幅を広げています。

駅での転落事故の原因をホーム・ドアの有無のみに帰せず

（平成28年　皇后陛下お誕生日文書ご回答より。1年を振り返ってのご感想）

皇后陛下　最近心にかかることの一つに、視覚障害者の駅での転落事故が引き続き多い事があります。目が不自由なため、過去に駅から転落した人の統計は信じられぬ程多く、今年8月にも残念な事故死が報じられました。ホーム・ドアの設置が各駅に及ぶ事が理想ですが、同時に事故の原因をホーム・ドアの有無のみに帰せず、更に様々な観点から考察し、これ以上悲しい事例の増えぬよう、皆して努力していくことも大切に思われます。

世界が真向かわねばならぬ大きな課題

（平成28年　皇后陛下お誕生日文書ご回答より。1年を振り返ってのご感想）

皇后陛下　各地でのテロに加え、内戦の結果発生した多くの難民の集団的移動とその受け入れも、世界が真向かわねばならぬ大きな課題になっています。そのような中で、この夏のリオ五輪では難民による1チームが編成され、注目を集めました。4年後の東京では、この中の一人でも多くが、母国の選手として出場出来ることを願わずにはいられません。世界の少なからぬ地域で対立が続く中、長年にわたり国内の和平に勇気と忍耐をもって取り組んで来られたコロンビアのサントス大統領が、今年のノーベル平和賞を授与された事は感慨深いことでした。

「ビルド・バック・ベター」が既に実行されていたことを知りました

（平成28年12月20日　天皇陛下お誕生日記者会見より。1年を振り返ってのご感想）

天皇陛下　（前略）飯田市（編注：長野県）では、昭和22年の大火で、市の中心部のほぼ3分の2が焼失しています。その復興に当たり、延焼を防ぐよう区画整理をし、広い防火帯道路を造り、その道路には復興のシンボルとして、当時の中学生がりんごの木を植えた話を聞きました。昭和20年代という戦後間もないその時期に、災害復興を機に、前より更に良いものを作るという、近年で言う「ビルド・バック・ベター」が既に実行されていたことを知りました。

軍縮を狭い意味に閉じ込めず、統合的視野のうちに捉えること

（平成29年　皇后陛下お誕生日文書ご回答より。1年を振り返ってのご感想）

皇后陛下　米国、フランスでの政権の交代、英国のEU脱退通告、各地でのテロの頻発など、世界にも事多いこの1年でしたが、こうした中、中満泉さんが国連軍縮担当の上級代表になられたことは、印象深いことでした。「軍縮」という言葉が、最初随分遠い所のものに感じられたのですが、就任以来中満さんが語られていることから、軍縮とは予防のことでもあり、軍縮を狭い意味に閉じ込めず、経済、社会、環境など、もっと統合的視野のうちに捉《とら》え、例えば地

域の持続的経済発展を助けることで、そこで起こり得る紛争を回避することも「軍縮」の業務の一部であることを教えられ、今後この分野にも関心を寄せていく上での助けになると嬉《うれ》しく思いました。国連難民高等弁務官であった緒方貞子さんの下で、既に多くの現場経験を積まれている中満さんが、これからのお仕事を元気に務めていかれるよう祈っております。

奨学金制度の将来、海外からの移住者の子どもたちのための配慮

（平成29年　皇后陛下お誕生日文書ご回答より。
1年を振り返ってのご感想）

皇后陛下　この1年を振り返り、心に懸かることの第一は、やはり自然災害や原発事故による被災地の災害からの復興ですが、その他、奨学金制度の将来、日本で育つ海外からの移住者の子どもたちのため必要とされる配慮のことなどがあります。

外来生物の生息圏が徐々に広がって来ていることを心配しています

（平成29年　皇后陛下お誕生日文書ご回答より。1年を振り返ってのご感想）

皇后陛下　また環境のこととして、プラスチックごみが激増し、既に広い範囲で微細プラスチックを体内に取り込んだ魚が見つかっていること、また、最近とみに増えている、小さいけれど害をなすセアカゴケグモを始めとする外来生物の生息圏が徐々に広がって来ていることを心配しています。こうした虫の中でも、特に強い毒性を持つヒアリは怖く、港湾で積荷を扱う人々が刺されることのないよう願っています。

カンボジア人によるカンボジア人のための遺跡修復

（平成29年　皇后陛下お誕生日文書ご回答より。1年を振り返ってのご感想）

皇后陛下　カンボジアがまだ国際社会から孤立していた頃から50年以上、アンコール・ワットの遺跡の研究を続け、その保存修復と、それに関わる現地の人材の育成に力をつくしてこられた石澤良昭博士が、8月、「マグサイサイ賞」を受賞されたことは、最近の嬉しいニュースの一つでした。博士が「カンボジア人によるカンボジア人のための遺跡修復」を常に念頭に活動され、日本のアジアへの貢献をなさったことに深い敬意を覚えます。

若く初々しい棋士の誕生もさることながら

（平成29年　皇后陛下お誕生日文書ご回答より。1年を振り返ってのご感想）

皇后陛下　将棋も今年大勢の人を楽しませてくれました。若く初々しい棋士の誕生もさることながら、その出現をしっかりと受け止め、愛情をもって育てようとするこの世界の先輩棋士の対応にも心を打たれました。

戦いの連鎖を作る「報復」にではなく、常に将来の平和への希求へと向けられてきた被爆者の心

（平成29年　皇后陛下お誕生日文書ご回答より。1年を振り返ってのご感想）

皇后陛下　平和賞は、核兵器廃絶国際キャンペーン「ＩＣＡＮ」が受賞しました。核兵器の問題に関し、日本の立場は複雑ですが、本当に長いながい年月にわたる広島、長崎の被爆者たちの努力により、核兵器の非人道性、ひと度使用された場合の恐るべき結果等にようやく世界の目が向けられたことには大きな意義があったと思います。そして、それと共に、日本の被爆者の心が、決して戦いの連鎖を作る「報復」にではなく、常に将来の平和の希求へと向けられてきたことに、世界の目が注がれることを願っています。

各国から我が国に来て仕事をする人々を、社会の一員として温かく迎える

（平成30年12月20日　天皇陛下お誕生日記者会見より。1年を振り返ってのご感想）

天皇陛下　今年、我が国から海外への移住が始まって150年を迎えました。この間、多くの日本人は、赴いた地の人々の助けを受けながら努力を重ね、その社会の一員として活躍するようになりました。こうした日系の人たちの努力を思いながら、各国を訪れた際には、できる限り会う機会を持ってきました。

そして近年、多くの外国人が我が国で働くようになりました。私どもがフィリピンやベトナムを訪問した際も、将来日本で職業に就くことを目指してその準備に励んでいる人たちと会いました。日系の人たちが各国で助けを受けながら、それぞれの社会の一員として活躍していることに思いを致しつつ、各国から我が国に来て仕事をする人々を、社会の一員として私ども皆が温かく迎えることができるよう願っています。

第四章

やさしさと慈愛に満ちたおことば

ご譲位の年である平成31年は天皇・皇后両陛下にとってはまたご結婚60年の節目の年でもあります。お二人が結婚されたのは昭和34年4月10日のことでした。

折々の記者会見などで両陛下がお互いについて語られたおことばは、日本の象徴として替わる者のいない立場を生きていらっしゃる天皇陛下と、その伴走者として共に歩まれた皇后さまの間の強く深い絆を感じさせるものばかりです。

また、昭和天皇・香淳皇后はじめ、皇太子ご一家、秋篠宮ご一家、紀宮さま、そして4人のお孫さま方について語られたお言葉からは、いかなる時も「家族」としてお互いを信頼し、慈しみ合うというお気持ちが伝わってきます。

こころに沁みるおことばをお届けします。

■夫婦のあり方について

いつも自然にしているというところが、とてもいいと思います

（平成2年12月20日　天皇陛下お誕生日記者会見より。ご即位の祝賀パレードを沿道で見ていた人から皇后さまの美しさに声が上がったことに対し、ご健康や美容法を尋ねられて）

皇后陛下　その質問は、今日出ると思わなかったので、余り何もしていないので、もう少しかまった方がいいと言われることがありますけれども。

記者　天皇陛下はどう思われますか。

天皇陛下　いつも自然にしているというところが、とてもいいと思います。

そのままの気持ちで

（平成2年12月20日　天皇陛下お誕生日記者会見より。今後、お互いにお望みになることを尋ねられて）

天皇陛下　まあやはり、今まで長い間一緒に過ごしてきたわけですから、そのままの気持ちでやることが私にとっても、一番幸せだと思っています。

皇后陛下　やはり、本当に重いお仕事をお持ちでいらっしゃるのですから、ずっとご健康で、今まで私が見上げてきた陛下と同じに、これからもまた、そのお務めに、即位の礼の時におっしゃった通り、人々の幸福を願い、世界の平和を願って、これからの務めを果たすとおっしゃった陛下のお仕事が、ご健康で果たされていくようにお祈りしております。

天皇陛下　いまの、そのままというのは非常によく努めてくれているという、そういう気持ちを持っていること。

皇后陛下　ありがとうございます。

おくつろぎの時がとれるよう努力

（平成8年　皇后陛下お誕生日文書ご回答より。同年6月、天皇陛下が前庭神経炎で静養されたことに対し、皇后陛下が天皇陛下の健康面で配慮されていることを尋ねられて）

皇后陛下　陛下のお病気の時は本当に心配でございました。
先帝陛下の崩御以来、御大喪、御即位、大嘗祭と重いお行事が続き、その後お休みをおとりになる間もなく、多事な御日常が始まり、8年の年月が過ぎました。どこかにお疲れがたまっていらしたのかもしれません。ふり返りますと、私が御所に上がった昭和34年頃からしばらくは、日本在住の大使が56、7名、国賓も年一度か、年によっては全くないこともございました。今、大使館の数もその頃の2倍を超す124となり、国賓を始めとする外国からの賓客の訪日もふえ、陛下のお仕事も、それにつれ増え続けてまいりました。侍医もおりますし、まわりの人々もいろいろと心を遣い、この頃では長途のご旅行の後や、休日に祭祀や御公務でお休みになれなかったあと等、1日でも半日でもおくつろぎの時がとれるよう努力をしてくれています。

あるがままの私を受け入れて下さった陛下

（平成10年　皇后陛下文書ご回答より。
平成になって10年、来年はご結婚40年、これまでを振り返ってのご感想）

皇后陛下　〈結婚40年の感想〉　どのような時にもあるがままの私を受け入れて下さった陛下の寛い御心に包まれて、今日までの道を歩いてまいりました。又、常に仰ぎ見る御手本として先帝陛下と皇太后陛下がいらして下さったことは、私にとりこの上なく幸せなことでした。多くの方達に支えられ、助けて頂いて今日のあることを思います。

〈これからの日々の過ごし方〉　40年の間に少しずつ形を成して来た現在の生活に、これからも大きな変化があるとは思いません。これまでと変わることなく、陛下のお側で一つ一つ与えられた仕事を果たしていくつもりです。新しく展けて来る世紀には、家族の価値が見直されると共に、家族の枠組みを越えて社会が連帯し、人々が今まで以上に相互に助け合っていく時代が来るのではないでしょうか。この力強い連帯の中で、私も社会の出来事に心を寄せつゝ、人々と助け合って、同時代を生きたいと思います。

これからは離島や遠隔地にも安心してお供できます

（平成12年12月20日　天皇陛下お誕生日記者会見より。秋に皇后陛下が体調を崩されたことに関し、両陛下が健康面で気をつけていらっしゃること）

天皇陛下　今年は5月に外国公式訪問があり、帰国後十分に休養する間もなく、香淳皇后が崩御になりました。崩御後は斂葬《れんそう》始め大喪儀関係の行事、また、それに関連する様々な仕事や櫬殿《しんでん》・殯宮《ひんきゅう》への祗候《しこう》などが続きました。忙しく心の重い日々でありました。皇后が一連の行事を心を込めて務め、共に静かに香淳皇后をお見送りしたことは寂しさの中にあった私にとって大きな支えとなりました。このような心身の疲労が重なったことと思いますが、百日祭の日に目の発作が起こり、また咳もこのころからひどくなりました。百日祭を始めそれをやめるということのできない様々な行事が続き、したがって両眼の緑内障予防の切開術や様々な健康検査も公務の合間を縫ってあるいは週末に行われました。特に目の手術の前後は皇后にとっても厳しいものがあったと思っています。この手術の後で、「これからは離島や遠隔地にも安心してお供できます。」とうれしそうに言っていました。十数年前からこの心配は知らされていたようですが、口には出していませんでしたが、やはりずっと目のことは気に掛かっていたんだと思います。

皇后にとり子育ては長く厳しい年月であったと思います

（平成13年12月18日　天皇陛下お誕生日記者会見より。愛子内親王殿下ご誕生に関し、女性皇族の役割、立場の変化、今後求められるご養育の内容などについてのお考え）

天皇陛下　無事に内親王が誕生し、多くの国民が喜んでくれたことをうれしく思っています。関係者の努力に感謝する次第です。また、諸外国の元首からもお祝いの言葉を頂きました。

母子共に健やかな様子に安堵《あんど》しつつ、私どもが子供たちと過ごした遠い日々のことが思い起こされました。自然の流れで、私どもは子供を手元で育てましたが、公務と育児の両立という点で、皇后にとり子育ては長く厳しい年月《としつき》であったと思います。皇太子誕生の年に、私どもは米国、イラン、エチオピア、インド、ネパールの5か国を2度にわたって訪問しましたが、最初の米国訪問の時は、授乳期間をかろうじて終わっての出発でした。

皇后は、育児のために公務や私の生活に支障を及ぼさないよう常に心遣っていました。また、昭和天皇と香淳皇后が育児を許してくださったことへの感謝と、周囲の人々に助けられて育てているという自覚を常に持っていたことを、私はうれしく思っています。

私どもは、極力子供の私生活を守ることに努力してきました

（平成13年12月18日　天皇陛下お誕生日記者会見より。皇室の活動における公私のバランスについて）

天皇陛下　皇族が、プライバシーを保ちつつ、国民の関心にどのようにこたえていくかということは、常に難しい問題だと思います。子供との関係で言いますと、私どもは、極力子供の私生活を守ることに努力してきましたが、一方で、

皇室の子供が、健やかに育っているという姿を国民に見せてほしいという要請にもこたえていく義務があると思います。一回一回不安を抱えながら、二人して相談し、宮内庁とも相談してこの問題に対処してきたつもりです。（中略）

私にとり、家族は大切でありましたが、昭和天皇をお助けし、国際儀礼上の答礼訪問を含め国や社会のために尽くすことは、最も重要なことと考えていました。皇后が私のそのような考えを十分に理解し、また、子供たちにも理解させてきたことを感謝しています。

他の者が代わって差し上げるということのできないお仕事

（平成14年6月20日　ポーランド・ハンガリーご訪問前の記者会見より。同年5月、天皇陛下が風邪をひかれたことに関し、ご自身と天皇陛下のご体調の管理について）

皇后陛下　この度は、今までになくお咳がおありになり、お案じ申し上げました。ご不例の間も国事行為であるご公務はすべてお務めになりましたが、外出を一つ取りやめられ、連休と週末を休養にお充てになりました。

陛下は特に健康のために何かをするということはなさっていらっしゃいませんが、ご生活の習慣そのものが結果として健康的なものとなっており、有り難いことにこれまでほとんどいつもお元気にお過ごしになっていらっしゃいました。年をお加えになる中、お仕事は減っておりませんので、これからは陛下のお疲れに皆して注意し、適当なご静養をとっていただくことが大切と思います。

陛下のお仕事は、他の者が代わって差し上げるということのできないものが多く、周囲も交代でお供をいたしますので、連日にわたる陛下のお仕事の総量を、ともすれば見失いがちになります。

陛下のお仕事の性質上、私もすべての時におそばにあるということはできませんが、陛下のお仕事の量や連続性をおそばにいて体験し、せめて陛下のお疲れの度合いをお察しできるようでありたいと思っております。

陛下に支えて頂いて通り抜けることが出来たのだと思います

（平成15年　皇后陛下お誕生日文書ご回答より。1年を振り返ってのご感想）

皇后陛下　1月には陛下ががんの手術をお受けになりました。私にとっても初めての経験が多く、心細い日々でしたが、陛下が科学者らしい静かなお目で事態をご覧になり、また陛下としてのご自覚の中で全てに対処なさいました。難しいことの多かったあの日々も、陛下に支えて頂いて通り抜けることが出来たのだと思います。

沢山の人々の祈願に包まれ陛下のお側で過ごした日々

（平成15年　皇后陛下お誕生日文書ご回答より。同年1月の天皇陛下の前立腺がんの手術について）

皇后陛下　陛下のお病気がだんだんに確実なものとされていく日々、何回となく、これは夢の中の出来事で、今にほっとして目覚めることが出来るのではないか、と願ったことでした。

この度のご手術に関し、忘れられないことは、広範囲にわたり、多くの方々の協力を頂いたことです。関わって下さった方々が、それぞれの所属や立場を越え、陛下のお為に最もよいと思われる形で、力を提供して下さいました。有難いことであったと思います。

ご闘病中、国の内外から寄せられたお見舞いの気持ちを、陛下は喜ばれ、また、お力とされていらっしゃいました。沢山の人々の祈願に包まれ陛下のお側で過ごした日々を、今も感謝の中に思い出します。

病院に通う道々、時として同じ道を行く人々の健康体をまぶしいように見つめていたあの頃の自分のように、今日も身近な人の容態を気遣う多勢の人々のあることを思い、現代のすぐれた医学の恩恵が、どうか一人でも多くの人の享受するものであるよう、願わずにはいられません。

国内の各地に共通の思い出を持っていること

(平成16年　天皇陛下お誕生日文書ご回答より。1年を振り返ってのご感想)

天皇陛下　今年の豊かな海づくり大会は10月に香川県で行われましたが、皇后にとって唯一の未訪問県であったこの県への私どもの訪問によって、皇后として全都道府県を訪問したことになりました。そしてその直後に古希を迎えています。私が即位後に全都道府県の訪問を終えたのも昨年私が古希を迎える少し前のことでしたが、皇后がそれより1年おくれたのは、今から11年前、皇后が声を失った直後に、私だけで徳島県と香川県で開催された国民体育大会に行ったためです。思い返せば結婚以来、各地の要望に応（こた）え、実に多くの土地を訪ねる機会に恵まれてきました。産業施設の訪問など、ごくわずかなものを除き、そのほとんどの出席要請が私ども2人になされており、国内の各地に共通の思い出を持っていることは、私どもの気持ちを非常に豊かなものにしています。

大変なところにお嫁に来ることになった

（平成19年5月14日　スウェーデン、エストニア、ラトビア、リトアニアご訪問前の記者会見より。生物学者リンネの生誕300年記念行事ご出席に関してのお答え）

皇后陛下　スウェーデンの博物学者リンネにつき、私は深い知識を持つ者ではございませんが、分類学をご研究の陛下との生活の中で、リンネは全く無縁の人ではありませんでした。まだ婚約したばかりのころ、陛下は時々私にご専門の魚類につきお話をしてくださいましたが、そのようなとき、ティラピア・モサンビカ、オクシエレオトリス・マルモラータというように、いつも正確に個体の名を二名法でおっしゃっており、私はびっくりし、大変なところにお嫁に来ることになったと少し心配いたしました。

今思うと、随分心配の多い日々を送ってきたのだと思います

（平成19年5月14日　スウェーデン、エストニア、ラトビア、リトアニアご訪問前の記者会見より。前月に体調を崩された皇后陛下について）

天皇陛下　皇后は、長年にわたって様々な苦労を乗り越え、私を支え、国内外の多くの公務を果たしてきました。4年前の私の手術のときには病院に泊まって看病を手伝い、入院中も毎日のように見舞いに訪れ、記帳簿を私に見せて国民の快癒を願う気持ちを伝えてくれました。私の健康面での心配に加え、皇太

子妃の健康や、前置胎盤で懐妊中の秋篠宮妃のことを気遣うなど、今思うと、随分心配の多い日々を送ってきたのだと思います。この度の病気は、予兆無しに突然に起こり、心配しましたが、幸い病気は週末や祝日も含めて2回にわたる短期間の休養で、公務を休むことなく、健康を回復したことを喜んでいます。

人々のために尽くすという陛下のお気持ち

（平成23年　皇后陛下お誕生日文書ご回答より。両陛下の健康管理について）

皇后陛下　陛下のお務めの御多忙がお体に障らぬよう、深くお案じ申し上げておりますが、他方、病気をお持ちの陛下が、少しも健康感を失うことなく、日々の務めに励んでいらっしゃるご様子を見上げますと、陛下の御日常が、ごく自然に公務と共にあるとの感も深くいたします。

人々のために尽くすという陛下のお気持ちを大切にすると共に、過度のお疲れのないよう、医師や周囲の人たちの意見も聞きつつ、常に注意深くお側にありたいと願っています。

時に痛かったり、不自由の感じられる体とも何とか折り合って

（平成24年　皇后陛下お誕生日文書ご回答より。
同年2月に天皇陛下が心臓の冠動脈バイパス手術を受けられたことについて）

皇后陛下　2回にわたる御入院生活、とりわけ心臓の冠動脈バイパスの御手術の時は、不安でならず、只々お案じしつつお側での日々を過ごしておりましたが、全期間を通じ、東大、順天堂、二つの病院の医師方が、緊密な協力のもと全てを運んで下さいましたことは、有り難く、本当に心強いことでした。力を尽くして治療に当たって下さった医師や医療関係者に深く感謝すると共に、皇居や各地で陛下の御回復を祈って記帳して下さった方々を始め、心を寄せて下さった国内外の多くの方々に、心から御礼を申し上げます。

よい御手術をお受けになりましたのに、陛下には術後お食欲を失われ、結果的に胸水がいつまでも残り、御退院後2度にわたり、胸水穿刺《せんし》をお受けにならなければなりませんでした。一時は、これで本当によくおなりになるのだろうかと心配いたしましたが、少しずつ快方に向かわれました。そして執刀して下

さった天野先生が御退院時に言われたとおり、春の日ざしが感じられるようになった頃から、御回復のきざしがはっきりと見えてまいりました。歩行が日増しにしっかりとおなりになり、3月にはご一緒に御所の門を出て、ノビルやフキノトウを摘みにいくこともできました。

何よりも安堵いたしましたのは、陛下が御入院の前から絶えずお口にされ、出席を望んでいらした東日本大震災1周年追悼式にお出ましになれたことでした。5月の御訪英も間ぎわまで検討が続けられたようでしたが、実現いたしました。ウィンザー城で御対面の女王陛下も日本の陛下もお嬉しそうで、お側でお見上げしながら、私もしみじみと嬉しゅうございました。

陛下や私の、これからの健康管理については、これからも医師や周囲の人々の助けを得、陛下の御健康を尚一層、注意深くお見守りしつつ、しかし全般的にはこれまでとさほど変わりなく過ごしていくことになると思います。

季節と共に美しく変化する自然に囲まれて日々を送ることが出来る幸せに感謝しつつ、時に痛かったり、不自由の感じられる体とも何とか折り合って、心静かにこれからの日々をお側で送ることが出来ればと願っています。

いつか一度川の源流から河口までを歩いてみたい

（平成28年　皇后陛下お誕生日文書ご回答より。1年を振り返ってのご感想）

皇后陛下　ごく個人的なことですが、いつか一度川の源流から河口までを歩いてみたいと思っていました。今年の7月、その夢がかない、陛下と御一緒に神奈川県小網代の森で、浦の川のほぼ源流から海までを歩くことが出来ました。流域の植物の変化、昆虫の食草等の説明を受け、大層暑い日でしたが、よい思い出になりました。

陛下の御譲位について

（平成29年　皇后陛下お誕生日文書ご回答より。1年を振り返ってのご感想）

皇后陛下　陛下の御譲位については、多くの人々の議論を経て、この6月9日、国会で特例法が成立しました。長い年月、ひたすら象徴のあるべき姿を求めてここまで歩まれた陛下が、御高齢となられた今、しばらくの安息の日々をお持ちになれるということに計りしれぬ大きな安らぎを覚え、これを可能にして下さった多くの方々に深く感謝しております。

国のためや、人々のために務めを果たしていくことを願っています

（平成2年12月20日　天皇陛下お誕生日記者会見より。翌年に立太子礼をお迎えになる皇太子殿下に望まれること）

天皇陛下　成年に達して10年になり、その間皇族の務めを立派に果たしてきたことを大変うれしく思っています。皇太子としては、まだ日も浅いんですけれども、これまでに培ったものをさらに高めていくよう願っています。そして国のためや、人々のために務めを果たしていくことを願っています。

本人の気持ちを大切に

（平成2年12月20日　天皇陛下お誕生日記者会見より。翌年に大学4年に進学される紀宮殿下について）

天皇陛下　外国への留学という考えはありません。しかし、短期間の外国旅行

などという機会を通じて、世界を知るという機会はあれば良いと思っています。結婚については本人の意思を尊重するとともに、その結婚が人々の祝福を受けるものでありたいものと思っています。

皇后陛下　私も留学の希望は聞いておりません。紀宮が末っ子ということもあって、結婚はまだ先のことであって欲しいと思ったり、それは親の我がままかしらと思ったり、気持ちがまとまりません。陛下がおおせになったように本人の気持ちを大切にしていきたいと思います。

しっかりやっていってているんではないかと思い、また期待しています

（平成2年12月20日　天皇陛下お誕生日記者会見より。結婚されたばかりの秋篠宮ご夫妻について）

天皇陛下　やはり、あの、今、宮家を作っていくという努力を一生懸命しているというふうに感じています。私もこういうふうに育ちましたから、宮家というものについては十分に認識がありませんから、2人で、また色々の人々と相談

しながら、しっかりやっていっているんではないかと思い、また期待しています。

ただ健かに母となる日を迎えられることを願って

（平成3年　皇后陛下お誕生日文書ご回答より。秋篠宮妃殿下のご出産について）

皇后陛下　ただただ楽しみで…。

折々に訪れて下さるので、元気な様子が分かり安心しています。特に何をお教えしたというようなことは何もなく、ただ健かに母となる日を迎えられることを願って、今日《こんにち》までまいりました。

公務に差し支えのない範囲で自分なりに一生懸命考え

（平成3年12月19日　天皇陛下お誕生日記者会見より。大学卒業後の紀宮殿下の進路について）

天皇陛下　これまでにも、学生生活に差し支えない範囲で皇族としての務めを果たしてきましたが、今後は皇族としての務めを一番大切にしていきたいと、そういう気持ちでいるようです。卒業後自分のしていきたいことについては、公務に差し支えのない範囲で自分なりに一生懸命考え、進路を決めているようです。卒業論文を書き終え試験が終わったあとで、さらにはっきりしたことが決まることと思います。

結婚は時期よりは気持ちが大切

（平成４年12月21日　天皇陛下お誕生日記者会見より。紀宮殿下のご結婚について）

天皇陛下　結婚の時期については、個人個人によってかなり違っています。私が結婚した年頃では皇太子にはまだ結婚したい気持ちは見られませんでした。結婚の問題は時期よりは気持ちが大切だと思います。紀宮の場合にも現在のところ自分から結婚したいという気持ちにはなっていないように見受けられます。

よく成長している

（平成4年12月21日　天皇陛下お誕生日記者会見より。初孫の眞子さまのご成長について）

天皇陛下　両親がかわいがって育てており、よく成長しているように思います。二番目の孫としてどちらが欲しいかということは考えたことありません。どちらでもよいと思います。

国民の納得を得られる人が望ましい

（平成6年12月20日　天皇陛下お誕生日記者会見より。紀宮殿下のご結婚について）

天皇陛下　結婚の問題は、本人の気持ちが尊重されることが大切と思います。内親王の場合には、皇室会議の議を経るわけではありませんが、国民の納得を得られる人が望ましく、本人もその気持ちでいることと思います。

紀宮はたくさんの喜びをもたらしてくれました

（平成8年　皇后陛下お誕生日文書ご回答より。
（イ）紀宮殿下の活動について（ロ）紀宮殿下の将来について）

皇后陛下　（イ）昨年は戦後50年ということで陛下が、又、今年は大震災の翌年ということで陛下と東宮様が、共に外国の訪問をお控えになり、紀宮も、他の宮様方とご一緒に海外での大切なお役目を頂きました。この一両年、この海外での役目と国内での仕事を、紀宮が精一杯に果たしたことを嬉しく思っております。

（ロ）昭和52年の記者会見で、紀宮の将来についての質問を受け、内親王として充実した生活を送り、社会に巣立つようにとの願いをお話いたしました。今もこの気持ちに変わりはありません。紀宮は私共の家庭にたくさんの喜びをもたらしてくれました。紀宮の将来がしあわせであるよう心から祈っています。

特性を生かしてなすべき務めを

（平成8年　皇后陛下お誕生日文書ご回答より。
皇太子殿下、秋篠宮殿下、眞子さま、佳子さまについて）

皇后陛下　子供たちには、それぞれの立場と年令に応じ、又、一人一人がもっている特性を生かし、なすべき務めを果たしていってほしいと願います。子供たち、又、その配偶の人たちが、皆一生懸命に陛下や私を助けようとしてくれていることを、いつも嬉しく思っています。幼い人たちも、両親や周りの人々に温かく見守られ、健やかに育っており、有難いことと思います。

国民の祝福を受けて結婚したことを心にとどめ

（平成8年12月19日　天皇陛下お誕生日記者会見より。
皇太子妃殿下、紀宮殿下について）

天皇陛下　（前略）皇太子妃については、皇太子と共にそれぞれ務めを果たし、二人で幸せに過ごしていることをうれしく思っています。国民の祝福を受けて結婚したことを心にとどめ、国民の期待に応えるよう務めを果たしていくことを願っています。

紀宮は、国の内外の諸行事に出席し、一生懸命皇族としての務めを果たすことを心掛けています。将来の問題については、昨年、記者会見でお話ししましたように、結婚の問題に関係することになりますので、お話することを控えたく思います。

何よりも公の立場を重んじ、その責務を優先して果たしていきたい

（平成11年　天皇陛下お誕生日文書ご回答より。ご結婚40周年をお迎えになって「ご家族」とはとの問いに対してのご回答）

天皇陛下　現在、皇太子と秋篠宮はそれぞれ結婚して皇居と離れた赤坂御用地に住まい、紀宮が私と皇后と共に皇居に住んでいます。

私にとって家庭は心の平安を覚える場であり、務めを果たすための新たな力を与えてくれる場でありました。また、実際に家族と生活を共にすることによって、幾らかでも人々やその家族に対する理解を深めることができたと思います。

私と皇后は、子供を手元で育てるという、前の時代には考えられなかった恵まれた機会を持つことができました。皇后は、常に、このような形で家庭を築き子供を育てることをお許しになった昭和天皇、皇太后様への感謝を抱きつつ、多くの外国訪問を含む多忙さの中で子育てと公務の一つ一つを一生懸命に果たしてきました。

私どもは、日常生活においても、何よりも公の立場を重んじ、その責務を優先して果たしていきたいと考えていますが、子供たちがそのことをよく理解し、現在もそれぞれの立場で皇族としての務めを果たしながら私どもを助けてくれていることをうれしく思っています。

明るい日ざしの中で皇太后様のお笑い声を伺いながら

（平成12年　皇后陛下お誕生日文書ご回答より。同年6月に崩御された香淳皇后との思い出）

皇后陛下　ご晩年もうお言葉を伺うことは出来なくても、陛下と吹上御所をお訪ねし、皇太后様とご一緒に過ごす一時は私にとり週末毎の大切な時間であり、気がついた時には御所の一週間がその時を軸として巡っていたように思います。平成の11年余、皇太后様はそのご存在により、いつも力強く私を支えていらして下さいました。崩御になり、ただ寂しく、心細く思います。

印象深かった出来事という質問ですが、私にとり忘れられない思い出は、まだ宮中に上がって間もない東宮妃の頃、多摩御陵のお参りにお伴をさせて頂いた時のことです。梅の実の季節で、お参り後、昭和天皇と皇太后様と当時東宮でいらした陛下が、私もお加えになり、皆様してご休所の前のお庭で小梅をお拾いになりました。その日明るい日ざしの中で皇太后様のお笑い声を伺いながら、これからどこまでもこの御方の後《あと》におつきしていこうと思いました。今も自分一人の記念日のように、この日の記憶を大切にしています。

若い人の話の聞き役になることは、年輩の者のつとめ

（平成12年　皇后陛下お誕生日文書ご回答より。前年末より体調を崩された皇太子妃殿下について）

皇后陛下　東宮東宮妃は、今は東宮職という独自の組織の助けを得つつ、独立した生活を営んでいます。私がどのように役に立っていけるか、まだよく分からないのですが、必要とされる時には、話し相手になれるようでありたいと願っています。助言をするということは出来なくても、若い人の話の聞き役になることは、年輩の者のつとめでもあり、そのような形で傍にいることを心がけなくては、と思います。

東宮東宮妃が、30代、40代というかけがえのない若い日々を、さまざまな経験を積み、勇気をもって生きていくことを信じています。

隣の吹上大宮御所には、もういらっしゃらないのだという寂しさを深く感じました

（平成12年12月20日　天皇陛下お誕生日記者会見より。香淳皇后の崩御について）

天皇陛下　香淳皇后の崩御は、この訪問（編注：オランダ、スウェーデン）から帰国して間もない時でした。私どもの帰国の時には葉山にいらっしゃり、帰国後もお元気にお見受けしました。このような日々がずっと続くように思っていましたが、突然の崩御は私どもにとって大きな驚きでした。そして、隣の吹上大宮御所には、もういらっしゃらないのだという寂しさを深く感じました。

二人が皇后に倣いお手を一生懸命さすったりしているのが印象に残っています

（平成12年12月20日　天皇陛下お誕生日記者会見より。香淳皇后の崩御について）

天皇陛下　吹上大宮御所は、私どもの住んでいる御所からすぐの所にあります。

週末には大抵皇后や紀宮、時には秋篠宮一家を交えて吹上大宮御所をお訪ねしていました。皇后は、香淳皇后がお元気であったころと変わりなく心を込めてお尽くししていました。また、秋篠宮の子供たちが一緒の時には、いつも子供たちを香淳皇后のおそばに連れて行き、二人が皇后に倣いお手を一生懸命さすったりしているのが印象に残っています。香淳皇后が崩御された時に、秋篠宮家の子供たちが、お見舞いしたいということを言ったことを、秋篠宮が話していますが、このようなことから香淳皇后に親しみを感じていたことと思います。

「よく来てくれて」

（平成13年　皇后陛下お誕生日文書ご回答より。愛子さまのご誕生をひかえられて、皇后陛下としての願いを尋ねられて）

皇后陛下　時がくれば、東宮や東宮妃が、まず両親としての願いを語るでしょう。それで十分だと思います。私自身は、きっと秋篠宮家の二人の子どもたちの誕生の時と同じく、「よく来てくれて」と迎えるだけで、胸が一杯になると思います。

東宮御所の庭には夏でも涼しい風の通り道があって

（平成13年　皇后陛下お誕生日文書ご回答より。愛子さまのご誕生をひかえた皇太子殿下、雅子さまへのアドバイスを尋ねられて）

皇后陛下　東宮妃の心身の健康を願って今日までまいりました。アドバイスに関しては、私の子どもたちが生まれた頃から時代も大きく変わっており、助言という程のことはできませんが、私が何か役に立つことがあればうれしく思います。子どもたちがまだ小さく、私があちらに住んでおりました頃、東宮御所の庭には夏でも涼しい風の通り道があって、よく乳母車を押してまいりました。これからは、そうした懐かしい思い出も少しずつ話していきたいと思います。

準備については、これまでのしきたり通り、新宮《しんみや》の初着《うぶぎ》や陛下から賜るお守り刀等、一つずつ整えてもらっています。

女性皇族の立場

（平成13年12月18日　天皇陛下お誕生日記者会見より。愛子様ご誕生に関し、女性皇族の役割などについてのお考えを尋ねられて）

天皇陛下　（前略）現在、育児は技術面でも周囲の環境という点でも非常に恵まれたものになってきていますが、皇太子夫妻が初めての育児をするに当たり、様々な経験を経ていくものと思います。養育については、二人でいろいろ考えて事に当たっていくことと思いますが、内親王が健やかに育っていくことを願っています。秋篠宮の二人の内親王も両親の努力の下、よく育っています。三人の内親王が仲良く育っていくことを念じています。

皇族の立場について男女の差異はそれほどないと思います。女性皇族の立場は過去も大切であったし、これからも重要と思います。

しかし、今は新内親王が健やかに育っていくことが最も重要であり、家族皆で見守っていきたいと思っています。

子供の名前は両親が最も深くかかわることが望ましい

（平成13年12月18日　天皇陛下お誕生日記者会見より。愛子さまのご命名について）

天皇陛下　皇太子夫妻が一所懸命に考え、また、勘申者《かんじんしゃ》の意見も聞きながら考えたことで、名前というものは、やはり両親が最も深くかかわることが望ましいと思っております。ですから、そのような過程が一番良いのではないかと考えて、そのようにしました。私どもの場合においても、内々相談はありまして、昭和天皇もそのような形でお決めになっています。それでよろしいでしょうか。

使っているうちに、親しみを持ってくる

（平成13年12月18日　天皇陛下お誕生日記者会見より。愛子さまのお名前の漢字と読み方についてのご感想）

天皇陛下　それはさっき言ったように、皇太子夫妻がこれが非常に良いと考えていたと、一所懸命考えたこと、これはやはり良い名前であると考えるべきな

のではないかと、こう思っているわけです。例えば、秋篠宮の時も相談を受けましたけれども、やはり今考えてみると、良い名前が付いたのではないかと、こう思っています。名前というのは、段々使っていくうちに、親しみを持ってくるのではないでしょうか。

陛下も私も、若い日を若い日として生き、今、高齢となりました

(平成14年　皇后陛下お誕生日文書ご回答より。3人のお孫様について)

皇后陛下　敬宮の誕生は、東宮、東宮妃はもとより、家族の皆にとり、大きな喜びであり、その誕生を多くの方々が祝って下さったことで、喜びはさらに大きなものとなりました。

一家の中での変化は、やはり東宮御所がにぎやかになったことでしょうか。また、数年前から、時々「妹が欲しい」といっていた秋篠宮家の次女の佳子が、

敬宮と一緒になりますと、今まで姉の眞子が自分にしてくれていたのと同じように、優しく敬宮の相手をしている様子も可愛く思います。

東宮、東宮妃ともに、敬宮を一生懸命に愛情深く育てており、私は安心して2人にまかせています。会うごとに、敬宮の成長の著しさに驚かされ、頼もしく、うれしいことに思います。

秋篠宮、秋篠宮妃も、二人の内親王を大切に育ててきました。眞子も佳子も、小さい時からよく両親につれられて御所に来ており、一昨年ごろからは、両親が留守の時には、二人だけで来ることもできるようになりました。生物学御研究所のお庭に、陛下が水稲のための御田の他、五畝《いっうね》程の小さな畠をお持ちで、毎年そちらで陸稲と粟をお作りになるのですが、眞子が五つ、佳子は三つの頃から、種まきや刈り入れの時には、ほぼ毎年のように来て、陛下のお手伝いをしています。このようなとき、鋏や鎌などの道具の使い方や、使う時の力の入れ加減、抜き加減などを教えることが、私にはとても楽しいことに感じられます。養蚕のときに、回転まぶしの枠から、繭をはずす繭掻きの作業なども、二人していつまでも飽きずにしており、仕事の中には遊びの要素もあるのかもしれません。敬宮が大きくなり、3人して遊んだり、小さな手伝い事などができるようになると、また、楽しみがふえることと思います。
東宮、東宮妃の公務についてお尋ねがありましたが、二人してこれまでもよく相談し合い、東宮職の人たちともはかって運んできたことと思います。陛下も私も、若い日を若い日として生き、今、高齢となりました。私どもの2度と戻れぬ若い日々を、今、二人が生きているのだと思うと、胸が熱くなる思いがいたします。二人して力を合わせ、自分たちの良い時代を築いていってくれることを信じ、見守っております。

皇太子妃を深く案じております

（平成16年　天皇陛下お誕生日文書ご回答より。1年を振り返ってのご感想）

天皇陛下　皇太子妃が1年にわたって静養を続けていることを深く案じています。そのような状況の中で行われた5月の外国訪問前の皇太子の記者会見の発言を契機として事実に基づかない言論も行われ、心の沈む日も多くありましたが、皇太子、皇太子妃が様々な言論に耳を傾け、2人の希望を明確にした上で自分たちのより良い在り方を求めていくことになれば幸いです。

眞子がやや緊張して耳を傾けていた様子が、今も目に残っています

（平成17年　皇后陛下お誕生日文書ご回答より。戦争の記憶を継承することについて）

皇后陛下　今年の夏、陛下と清子と共に、満蒙開拓の引揚者が戦後那須の原野を開いて作った千振開拓地を訪ねた時には、ちょうど那須御用邸に秋篠宮と長女の眞子も来ており、戦中戦後のことに少しでも触れてほしく、同道いたしました。眞子は中学2年生で、まだ少し早いかと思いましたが、これ以前に母方の祖母で、自身、幼時に引揚げを経験した川嶋和代さんから、藤原ていさんの「流れる星は生きている」を頂いて読んでいたことを知り、誘いました。初期に入植した方たちが、穏やかに遠い日々の経験を語って下さり、眞子がやや緊張して耳を傾けていた様子が、今も目に残っています。

悠仁はまだ本当に小さいのですから

（平成18年　皇后陛下お誕生日文書ご回答より。
悠仁さまのご誕生について）

皇后陛下　「悠仁の成長への願いは」という質問ですが、悠仁はまだ本当に小さいのですから、今はただ、両親や姉たち、周囲の人々の保護と愛情を受け、健やかに日々を送ってほしいと願うばかりです。「教育のあり方」についての質問ですが、敬宮の生まれた時にもお答えしたと同様、まず両親の意向を聞き、それを私も大切にしつつ、見守っていきたいと考えています。

なお、教育ということに関し、時々引用される「ナルちゃん憲法」ですが、これは私が外国や国内を旅行する前などに、長い留守を預かる当時の若い看護婦さんたちに頼まれ、毎回大急ぎで書き残したメモのたまったものに過ぎず、「帝王学」などという言葉と並べられるようなものでは決してありません。小児科医であった佐藤久東宮侍医長が記した「浩宮さま」という本により、このメモのことが知れたと思われますが、本来は家庭の中にとどまっているべきものでした。たしか佐藤医師もこの本のどこかで、このようなメモは別とし、私が浩宮の教育に関し最も大切に考えていたのは、昭和天皇と今上陛下のお姿に学ぶことであったと述べていたのではないかと思います。

おさげ髪のよく似合う女の子

（平成18年　皇后陛下お誕生日文書ご回答より。
愛子さまのご成長について）

皇后陛下　敬宮は、背もすくすくと伸び、おさげ髪のよく似合う女の子になりました。今年はもう着袴《ちゃっこ》の儀を迎えます。男の子の着袴《ちゃっこ》姿もそうですが、女児の裳着《もぎ》の姿も本当に愛らしく、清子、眞子、佳子のそれぞれの裳着の姿や所作は、今も目に残っています。

今年4月、幼稚園の服装で訪ねて来た日には、肩かけカバンや手さげの中から、一つ一つハンカチや出席ノートなど出して見せてくれました。この次に会う時には、きっと運動会や遠足の話をしてくれるでしょう。楽しみにしています。

立派な新生児

（平成18年12月20日　天皇陛下お誕生日記者会見より。
悠仁さまのご誕生について）

天皇陛下　懐妊の兆候があることは聞いていましたが、安心な状況というばかりの話ではなかったので、検査の結果順調に懐妊しているということを宮殿で侍従長から聞いた時には本当にうれしく感じました。その後、秋篠宮妃には、つわりや大出血の可能性のある前置胎盤の症状が生じましたが、それを乗り越え、無事悠仁を出産することができました。秋篠宮妃には喜びと共に心配や苦労の多い日々であったと思います。予定日より早い帝王切開での出産でしたが、初めて会った時には立派な新生児だと感じました。出産に携わった関係者の尽力に深く感謝しています。また、大勢の人々が悠仁の誕生を祝ってくれたことも心に残ることでした。悠仁の生まれたとき滞在していた北海道を始め、その後訪れた各地の道々で、多くの人々が笑顔でお祝いの言葉を述べてくれました。

最近の悠仁の様子として目に浮かぶのは、私の近くでじっとこちらを見つめているときの顔です。

教育の在り方についての質問ですが、今は秋篠宮、同妃、眞子、佳子の2人の姉に愛情深く育てられていくことが大切だと思います。15歳になった眞子は、今年1年非常に頼もしく成長したように感じています。きっと眞子、佳子が悠仁の良き姉として、両親を助けていくことと思います。

愛子は幼稚園生活を始めたばかり

(平成18年12月20日　天皇陛下お誕生日記者会見より。愛子さまのご成長について)

天皇陛下　最近の愛子の様子については、皇太子妃の誕生日の夕食後、愛子が皇后と秋篠宮妃と相撲の双六で遊びましたが、とても楽しそうで生き生きとしていたことが印象に残っています。ただ残念なことは、愛子は幼稚園生活を始めたばかりで、風邪を引くことも多く、私どもと会う機会が少ないことです。いずれは会う機会も増えて、うち解けて話をするようになることを楽しみにしています。

幼い人から一輪車の乗り方を教えてもらうはずだった

（平成19年　皇后陛下お誕生日文書ご回答より。4人のお孫様について）

皇后陛下　4人の孫がそれぞれ両親の許で、健やかに成長していることを嬉しく思っています。眞子、佳子は今年共に高校、中学に進学し、愛子ももう来年は初等科に上がります。悠仁も元気に成長し、この9月には満1歳になりました。前置胎盤の状態で出産の日を迎える秋篠宮妃を案じつつ、東京からの報せを待った旅先の朝のことが、つい先頃のことのように思い出されます。（中略）

ただ、祖母として幼い者と接する喜びには、親として味わったものとも違う特別のものがあること、また、これは親としても経験したことですが、今、また祖母という新しい立場から、幼い者同士が遊んだり世話しあったりする姿を見つめる喜びにも、格別なものがあるということは申せると思います。愛子は、眞子や佳子と遊ぶ時、大層楽しそうですし、眞子と佳子も、愛子を大切に大切にしながらも、大人とは異なる、子ども同士でのみ交せる親しさをこめて相手をしています。悠仁に対しても、2人の姉たちが、丁度小さなおかあさんのように気遣いつつ、しかも十分に手加減を知った無造作さで、抱いたり着がえさせたりしている姿や、小さな愛子が、自分より更に小さい悠仁の傍でそっと手にさわっていたりする姿を、本当に好もしく可愛く思います。

先日、朝の散歩の折に、小さなジュズダマの茂みを見つけ、戦争中疎開先で遊んだことを思い出し、陛下とご一緒に少し実を採りました。毎年集めると、いつか針の持てるようになった愛子と、首飾りを作って遊べるかもしれません。自然との交わり、折紙や綾取りのように古い遊びなど、私の方から教えてやれるものもありますが、孫たちから教えてもらうもの―例えば、私は陛下がお止めになったのでいたしませんでしたが、一輪車の乗り方など―もあり、こうした幼い人たちとの交わりは楽しく、これからも互いに時を見つけ、会う機会を作っていかれれば嬉しいことと思います。

愛子と私は物事や事柄のおかしさの感じ方が割合と似ているのかもしれない

（平成20年　皇后陛下お誕生日文書ご回答より。4人のお孫様について）

皇后陛下　私どもの子供たちが、順々に初等科に入学し卒業していってから、まだそれほど年月が経ったとも思われませんのに、その子どもである眞子や佳子が既に初等科を卒業し、今年は愛子の入学という嬉しい年になりました。悠仁も健やかに成長し、9月には2歳の誕生日を迎えました。

この頃愛子と一緒にいて、もしかしたら愛子と私は物事や事柄のおかしさの感じ方が割合と似ているのかもしれないと思うことがあります。周囲の人の一寸した言葉の表現や、話している語の響きなど、「これは面白がっているな」と思ってそっと見ると、あちらも笑いを含んだ目をこちらに向けていて、そのような時、とても幸せな気持ちになります。

思い出して見ると、眞子や佳子が小さかった頃にも、同じようなことが、度々ありました。今記憶しているのは、一緒に読んでいた絵本の中の「同じ兎でも並の兎ではありません」という言葉を眞子が面白がり、ひとしきり「ナミの何か」や「ナミでない何か」が家族の間ではやったことです。佳子も分からないなりに口真似をして嬉しそうに笑っており、楽しいことでした。

悠仁とは9月の葉山で数日を一緒に過ごしました。今回は陛下が久しぶりに海で二挺艪の和船を漕がれ、悠仁も一緒に乗せて頂きましたが、船を海に押し出す時の漁師さんたちのにぎやかなかけ声、初めて乗る船の揺れ等に、驚きながらも快い刺激を受けたのか、御用邸にもどって後、高揚した様子で常にも増して活々と動いたり、声を出したりしており、その様子が可愛いかったことを思いだします。

東宮や秋篠宮家の参内についてですが、それぞれの家庭にその時その時の事情があり、私どもの日程もかなり混んでいて調整の難しいこともありますが、今後も双方の事情が許す時には出来るだけ会えるとうれしいと思います。

皇室のあり方、ご自身のあり方を求めて歩まれた陛下のお姿がきっと指針となり

（平成22年　皇后陛下お誕生日文書ご回答より。次世代を担うお子様、お孫様の世代について）

皇后陛下　3人の子どもが育つ過程で、ある日急に子どもが自分を越えていることに気付き、新鮮な喜びを味わった折々のことを今もよく思い出します。テニスコートで私にはとても出来ない上手なヴォレーやスマッシュをしていたり、一つの学問を急に深めていたり、私もこのような歌が詠めたらと思うよい和歌を作っていたり等―その一つ一つは、ごく小さなことであったかもしれませんが、親にとっては感慨深いものであり、未来への希望を与えてくれるものでした。悩むことも、難しいと思うことも多かった子育ての日々にも、こうした喜びを時々に授かりながら、私どもはやがて、それぞれの子どもの成年を祝い、結婚し独立していくのを見送りました。末の清子は民間に嫁いで皇室を離れ、上の二人も、もう私どもの手許にはおりませんが、東宮、秋篠宮二人ともが、あの幼い日や少年の日に見せてくれた可能性の芽を、今も大切に育て続け

ていることを信じています。

陛下はお若い頃から、「あり方」ということを大切にお考えになり、いつもご自分が「いかにあるべきだろうか」、とお考えになりつつ、そこから「何をするか」を紡ぎ出していらしたように思います。将来、二人の兄弟やその家族が、それぞれの立場で与えられた役割を果たしていく時、長い年月にわたり、皇室のあり方、ご自身のあり方を求めて歩まれた陛下のお姿が、きっと一つの指針となり、支えとなるのではないかと思っています。

佳子の気遣いをうれしく思っています

(平成22年12月20日　天皇陛下お誕生日記者会見より。お孫様とのエピソードを尋ねられて)

天皇陛下　今年は、学習院初等科3年になる愛子に、登校が難しくなるという思い掛けない問題が起こり、心配しています。皇太子、皇太子妃の心配も大きいことと案じています。そのようなことから愛子と会う機会も限られ、残念ですが、交流としてお話しできるようなことはまだありません。皇后は他の孫たち同様、愛子をとてもかわいがっており、愛子もこちらに来るときには必ず庭の花を摘んできて皇后に手渡しています。先日来たときには、飼っている猫の動画を熱心に皇后に見せていました。運動会の映像で見る愛子は、昨年と変わらず、元気に楽しんでいるようで、安堵しています。

眞子は、国際基督教大学に入学し、学生生活を楽しく過ごしているようでうれしく思っています。夏には海外英語研修プログラムに参加し、アイルランドで、ほぼ40日間、国の異なる人々と生活を共にしています。帰国後、写真を見せて丁寧に説明してくれました。将来、大学生活を振り返り、有意義なときだったと思えるような日々を送ってほしいと願っています。

佳子は、学習院女子高等科に進学しました。眞子が高等科在学中毎年出席していた全国高等学校総合文化祭に、今年から佳子が秋篠宮、同妃に付いて出席することになりました。このような高校生の行事で、他の高校の生徒と話し合う機会があることは、非常に良いことと思っています。御所で、皇太子一家、秋篠宮一家が集まり、大人同士が話し合っているようなとき、佳子は、よく愛子や悠仁の面倒を見、一緒に遊んでくれます。佳子のこのような気遣いをうれしく思っています。

悠仁は、お茶の水女子大学附属幼稚園に入園し、楽しく幼稚園生活を送っているようです。虫が好きで、秋には生物学研究所や御所の庭に来て、バッタやカマキリを捕まえたりしています。果実にも関心があり、生物学研究所のブドウの実が大きくなっていく様子を見たり、カキの実を採ったりしています。秋篠宮の誕生日に、皇后がその日庭で採ったよい香りのするカリンの実を持って行って悠仁に見せたところ、悠仁はその重い実を大事に抱えて、行く先々へ持って行く姿がとてもかわいらしく見えました。

思慮深く、真直ぐに育ってくれた

（平成23年　皇后陛下お誕生日文書ご回答より。
成年をお迎えになる眞子さまについて）

皇后陛下　4人の孫たちは、秋篠宮家の上の二人、眞子と佳子が19歳と16歳、東宮の愛子が九つ、秋篠宮家の末の悠仁が五つになり、それぞれに個性は違いますが、私にとり皆可愛く大切な孫たちです。会いに来てくれるのが楽しみで、一緒に過ごせる時間を、これからも大切にしていくつもりです。

質問にもありましたように、今年は秋篠宮家の長女眞子が成人式を迎えます。思慮深く、両親が選んだ名前のように真直ぐに育ってくれたことを、嬉しく思っています。

長女の清子も、臨時祭主としてご一緒に務めさせて頂きました

（平成25年　皇后陛下お誕生日文書ご回答より。1年を振り返ってのご感想）

皇后陛下　この10月には、伊勢神宮で20年ぶりの御遷宮が行われました。何年にもわたる関係者の計り知れぬ努力により、滞りなく遷御《せんぎょ》になり、悦ばしく有り難いことでございました。御高齢にかかわらず、陛下の姉宮でいらっしゃる池田厚子様が、神宮祭主として前回に次ぐ2度目の御奉仕を遊ばし、その許で長女の清子も、臨時祭主としてご一緒に務めさせて頂きました。清子が祭主様をお支えするという、尊く大切なお役を果たすことが出来、今、深く安堵しております。

背も随分伸び、もうじき私の背を超すでしょう

（平成25年　皇后陛下お誕生日文書ご回答より。皇室の若い世代に期待されていること）

皇后陛下　皇太子妃がオランダ訪問を果たし、元気に帰国したことは、本当に喜ばしいことでした。その後も皇太子と共に被災地を訪問したり式典に出席する等、よい状態が続いていることをうれしく思っています。

孫の世代も、それぞれ成長し、眞子は大学の最高学年に進み、今では、成年皇族としての務めも行っています。こうした二つの立場を、緊張しながらも誠実に果たしている姿を、うれしく見守っています。次女の佳子は大学生になり、今年は初めての一人での海外滞在も経験しました。来年は二十歳《はたち》になり、皇室はまた一人、若々しい成年皇族を迎えます。東宮では愛子が6年生になりました。背も随分伸び、もうじき私の背を超すでしょう。チェロ奏者の一員として、皇太子と共にオーケストラに参加したり、今年の沼津の遠泳ではやや苦手であった水泳でも努力を重ね、自分の目標を達成したことをうれしく、又、いとおしく思いました。悠仁は小学生になりました。草原を走り回る姿はまだとても幼

く見えますが、年齢に応じた経験を重ね、その中で少しずつ、自分の立場を自覚していくようにという両親の願いの許で、今はのびのびと育てられています。

こうした若い世代の成長に期待すると共に、私にはご高齢の三笠宮同妃両殿下が、幾たびかの御不例の折にも、その都度それを克服なさり、今もお健やかにお過ごしのことが本当に心強く、有り難いことに思われます。これからも両殿下のご健康が長く保たれ、私どもや後に続く世代の生き方を見守って頂きたいと願っています。

昭和天皇の御言動から学んだ大きなこと

(平成26年12月19日　天皇陛下お誕生日記者会見より。『昭和天皇実録』が完成したことに関し、昭和天皇との思い出を尋ねられて)

天皇陛下　昭和天皇との思い出については様々なことがありますが、夏の那須の附属邸に滞在していて、御用邸に滞在していらっしゃる昭和天皇、香淳皇后をお訪ねしたり、植物を御覧になるため、その植物の自生地にいらっしゃるのにお供をしたりしたことが懐かしく思い起こされます。実録にも私の結婚の翌年の夏の記述に「皇后及び皇太子妃と御同車にて御用邸敷地外の広谷地《ひろやじ》に向かわれ、同所にてお揃いで湿地のサギソウ等を御覧になる」と記されています。

この時私は那須を離れ、地方で行われる行事に出ていたのですが、昭和天皇は生まれたばかりの浩宮を守って留守をしている美智子が寂しくないよう、香淳皇后と共に散策にお誘いくださったのではないかと思います。少し後になりますが、皇后と私とで、廻谷《めぐりや》であったかと思いますが、お供した時には、皇后に水辺の白い花で、野生のスイレンであるヒツジグサの花をお教えくださいました。この2度の大切な思い出のため、皇后にとりサギソウとヒツジグサはそれ以後ずっと特別な花となっていたようで、それから大分後になって私どもが女の子に恵まれ、清子と名付けたその同じ日に、私どもは清子のお印にヒツジグサを選びました。昭和天皇が「大変よい」とお喜びくださったことが、うれしく思い出されます。

昭和天皇から学んだことは多いと思います。結婚前には葉山の御用邸に昭和天皇、香淳皇后と一緒に泊めていただくこともありましたから、そのような時に昭和天皇から学んだことが多くありました。人のことを常に考えることと、人に言われたからするのではなく、自分で責任を持って事に当たるということは、昭和天皇の御言動から学んだ大きなことであったのではないかと思っています。

眞子が帰って来てホッとしていることと思います

（平成27年　皇后陛下お誕生日文書ご回答より。1年を振り返ってのご感想）

皇后陛下　身内での変化は、秋篠宮家の佳子が成年を迎え、公的な活動を始めたこと、眞子が約1年の留学を終え、元気に戻ってきたことです。佳子はこの1年、受験、成年皇族としての公務、新しい大学生活、と、さまざまな新しい経験を積み、また時に両親に代わって悠仁の面倒をみるなど、数々の役目を一生懸命に果たして来ました。眞子が帰って来てホッとしていることと思います。

真面目に、謙虚に、一つ一つの仕事に当たっており、愛おしく思います

（平成28年　皇后陛下お誕生日文書ご回答より。1年を振り返ってのご感想）

皇后陛下　1月には、秋篠宮の長女の眞子が、無事留学生活を終え、本格的に成年皇族としての働きを始めました。真面目に、謙虚に、一つ一つの仕事に当たっており、愛《いと》おしく思います。

コラム

両陛下と紀宮さま

平成17年に黒田慶樹さんと結婚し、皇室から離れられた紀宮さま（黒田清子さん／昭和44年ご誕生）は、ご成年後、毎年のお誕生日や外国ご訪問前などの機会にさまざまな事柄についてお考えを述べてこられました。その中から、長女として36年間にわたっておそばで暮らした紀宮さまの目に映った両陛下のお姿をお届けします。両陛下がご結婚される紀宮さまに贈られたおことばもあわせて紹介します。

「皇室は祈りでありたい」というおことば

（平成2年　ご成年にあたっての記者会見より）

皇室の在り方や役割につきましては、私はまだ十分には分かっておりませんけれど、両陛下のご日常や、地方のご旅行にお伴した折のご様子を拝見しておりますと、以前、元東宮大夫が記した記事の中で、皇后様がおっしゃっておいでてでした「皇室は祈りでありたい」という言葉をよく思い出します。これはある事柄や事態に対して、それがどのように説かれていくのが最も良いかということを決めるのは、国民の英知であって、皇室はひたすらにそのことに関して良かれと、祈り続ける役目を負うということを表しております。行動に起こすということは、目に見えやすいかもしれませんが、ある大切なことに対して、いつも、そして長く心を寄せ続けるということを私は日本の皇室の姿として心に描いております。

皇后様のような女性になれたら

（平成4年　学習院大学ご卒業にあたっての記者会見より。「理想の女性」を問われたときのお答え）

私の場合は、たくさんの公務をお果たしになりながら、いつも温かく見守って育ててくださいました皇后様が、やはり理想の、理想という言葉は少しきついかもしれませんけれども、そのような女性になれたらと思います。

お言葉を失われて

（平成6年、25歳お誕生日文書ご回答より）

お言葉がでないということは、皇后様にとってどんなにお辛く、御不安でいらっしゃるかと思います。

ただ、私にとって不思議だったことは、皇后様がそのような状態でいらっしゃっても、私達の日常生活が大きく変化したとは感じられなかったことです。昨年、両陛下がヨーロッパをご訪問になった後、現地の人から届いた手紙の中に、皇后様に会われた時の印象として、「quality of presence を深く感じた」

ということが書いてありました。読んだ時には、心に残っても具体的に理解することが出来なかったこの一言が、言葉を失われてからの皇后様との日々に、改めて思い出され、自分の中で実感としてわかることが出来たように感じています。皇后様の在り方やご様子はとても「言葉」に近く、「話される」ということ以上にそこにいらして下さるということが、私の安心感と喜びにつながっていたように思います。

遠く離れて一番日本人を理解している人々

（平成7年　ブラジルご訪問中での歓迎式典でのおことばより）

両陛下は常に、日系人がその国の良き市民として移住した社会に溶け込み、その社会の発展に貢献していることを何よりも多とされて来られましたが、二度目のブラジルご訪問の前に陛下が「日系人は、遠く離れて一番日本人を理解している人々でもあるが、その人々が祖先の国として本当に喜びと誇りをもてる日本でなければいけない」とおっしゃったことを、私は記憶し続けていきたいと思っております。

「ご自分のお言葉」

（平成8年　27歳お誕生日文書ご回答より）

両陛下お始め皇族方のお気持ちやお考えは、それぞれのご公務に当たられる姿勢に大きく反映されているのではないかと思います。その意味で、記者会見と共に、式典等の席で読む言葉は、その公務に対する気持ちを伝える重要な役割を持っていると言えると思います。お立場上おっしゃるお言葉に制約の多い両陛下の場合でも、主催者や宮内庁の意向をよく受け止められた上で、そのお言葉の中に、ご自身でなければおっしゃれない経験や想い出を通して感じられた内容やお気持ちをお入れになり、「ご自分のお言葉」にまとめられるご苦労をお傍で拝見しています。経験の浅い身ではありますが、私も公の場で言葉を述べる一つ一つの機会をおろそかにせず、より良いものになるよう努めたいと存じます。また、昨年の外国公式訪問のような仕事を私にも頂けるということはこれまで考えにありませんでしたが、今後、もし同じような機会がある場合には、充分な日数の余裕を頂ければ、記者会見をすることを考慮してもよいのではないかと考えます。

エリザベス女王陛下にお花を

（平成8年　イギリスご訪問（お立ち寄り）前の記者会見より）

（前略）皇后様が「長旅でお疲れでしょうから、お花を差し上げたら」とおっしゃって、渡し方を教えてくださったり、花束を持って女王陛下に一生懸命追いつこうとしていた事などをかすかに覚えております。

揺るぎのないご自覚と、何よりいつも喜びをもって

（平成9年　28歳お誕生日文書ご回答より）

眞子様のご成長ぶりとご両親殿下との語らいを拝見していると、両陛下のご公務に当たられるお姿を傍らに見つつ育った子供時代を思い出します。皇族の仕事は親から子へと受け継がれるものでありながら、その一つ一つを言葉で具体的に説明するのは不可能な部分があります。私が自分の立場や仕事に違和感なく向かい合うことができたのは、両陛下のご自身のお立場に対する揺るぎのないご自覚と、何よりいつも喜びをもってご公務に当たられるお姿を拝見して

きたためではないかと思われます。陛下の平和への強い希求、忍耐強い長期的な物事への見方や偏見のない眼差しは戦中戦後の複雑な時代を過ごされた幼少年時代に培われたものと伺っております。父として家庭にある時でも、陛下のご自分に対する厳しさは変わらぬように見えます。しかし、皇后様と共に過ごされたこの年月の間に自然と身に付けられた豊かな優しさは、いつも私を大きく包んでくださいます。皇后様を陛下とのご結婚に踏み切らせた最終的なものが、陛下の皇太子としての立場に対する深いご自覚であったことを考える時、何とも言えぬ感慨を覚えます。娘の目からみると決して器用ではいらっしゃらない皇后様が、困難なことに当たられる度に、戸惑い戸惑いなさりながらそれでも投げ出すことなく最後まで考え続けて答えを出されるお姿は、私に複雑さに耐えることと、自分で考え続けることの意義を教えてくださったと思います。一方で、皇后様がいつも心に抱いていらっしゃる「喜び」と少年のような明るさは、私たち子供を伸び伸びと育て、家庭に楽しい笑いを提供してくださいました。これまでの長いお歩みの中で、どんなこともすべてを静かに受け入れてこられた皇后様の深い沈黙の部分は、娘にも推し量ることはできないものです。前女官長が「どこかで愛の深さとも繋がっているように存じられてなりません」

と書いたその沈黙は、ご自身の弱さを把握していらっしゃる皇后様の本当の強さであり、人々に心をお寄せになる時、わき出る優しさの源なのかも知れません。

手を携えて歩み出された時代

（平成9年　28歳お誕生日文書ご回答より）

両陛下が手を携えて歩み出された時代は、日本の国自体も新しい歩みの中で試行錯誤を繰り返しながら成長してきた時代であったと思います。現在当たり前になっている観念や定着している活動もまだ始まったばかりで、両陛下はそれらの活動への理解に努められるとともに、関係者の努力に対するおねぎらいや励ましを続けられ、広い視野からの視点をお与えになったりしながら成長を見守ってこられました。陛下がおっしゃる「国民と共に」、また皇后様がおっしゃる「心を寄せ続ける」という言葉はそうした積み重ねのなかからお二方が見いだされた皇室の在り方であったと思われます。

吹上御所への参殿

（平成9年　28歳お誕生日文書ご回答より）

吹上御所への参殿は、以前は週一度の定例として伺っておりました。小さい子供を連れてのご参殿は、はらはらなさることも多かったと思われますが、両陛下が、いつもおうれしそうに上がられ、お話になっているご様子を拝見して、「両陛下」というお立場への尊敬と若干の緊張を抱きつつも、「おじじ様」「おばば様」に対して子供らしくお親しみ申し上げ、おいたわり申し上げる気持ちを自然に持つことができました。お庭伝いに上がらせていただける近年、お静かにお過ごしの大宮さまへ皇后様はお懐かしく思われる花々や、時には御養蚕所の繭で織られた布をお持ちしてご覧に入れていらっしゃいます。皇太后宮職の職員がお手厚くお世話申し上げていることについても、両陛下はいつも感謝されおねぎらいになっておられます。

安心してそこにいることを許される場

（平成9年　28歳お誕生日文書ご回答より）

家庭は、各々が最も安心してそこにいることを許される場であるとともに、「家族である」という状態に慣れ切って互いに心を遣い合わなくなれば、ただ共にいるだけの他人の集まりにもなりかねない危険性をもっているのではないかと思います。

生活を共にさせていただいている娘として、両陛下のご公務やお考えのすべてを把握していると言えれば良いのですが、実際にはそうはできません。私がご一緒する以外のお仕事のほうがずっと多く、時にはその複雑さと責任の重さから目をそらしている自分に気付くこともあります。そういう自分の小ささというものを意識した上で、何ができるかと考える時、長年ハンセン氏病にかかわってこられた方が私に向かって言われた「人の苦しみや悲しみに同調する必要はなく、ただ感じ取ることが大切なのです。」という言葉を思い出します。私が両陛下に対して心掛けられる最小限のことは、とにかくそういうものを抱えられながら今を一生懸命生き抜いていらっしゃるそのお心を感じ取ることと思っています。また、お互い同士何でも話し合える友達のような家族ではありますが、今自分が受けている恩恵に対する感謝と立場におけるけじめをつけることは忘れないでいたいと思います。

ただ深く望み続けて

（平成11年　ペルーご訪問前の記者会見より）

皇后様は、ずっと以前から、海外の日系移民の足跡をとどめた資料や記憶が国外ではいろいろな形でまとめられてきたものの、日本国内でもきちんとした形でまとめられ、保管される場所があってほしいと願っていらっしゃいましたが、今度、確か横浜の方に、そのような施設ができるというお話をお聞きになって大変喜んでいらっしゃいました。ご自身で何かをなされるというお立場ではなくてただ深く望み続けていらっしゃいましたが、長い年月を経て「心を寄せ続ける」ということが、そのような形で一つの実りを結ぶということは、それが静かなものであればあった分、とてもうれしいものだと思います。

「ご立派でいらっしゃいましたよ」

（平成12年　スロベニアご訪問前記者会見より）

（前略）両陛下が皇太后様を赤坂の東宮御所にお招きになった折のことは、陛下がお庭をご案内する道筋をお考えになっているお姿や、また、皇后様がお嬉しそうに一つ一つの準備をなさっていらっしゃったご様子などと共に、楽しくお迎え申し上げ、ご一緒させていただいた思い出として心に残っております。（中略）陛下が、駆け寄られるように皇太后様のおそばにお寄りになって、じっとその御最期をお見守りになり、そのお後で皇后様が、丁寧にお掛け布団などをお直しになりながら、「ご立派でいらっしゃいましたよ。」とささやくようにおっしゃったその時に、周りの人々の悲しみがふっとあふれるように感じられました。

次の世代に関与しない

（平成12年　31歳お誕生日文書ご回答より）

（前略）両陛下のご姿勢として、受け継ぐべき物事を大切に継承しつつ、その時代に開き得る道を開き、何より大切な精神を伝えた後は、次の世代に関与しない、次の世代は、その世代を担うものが自分の力で築き開いていかなければならないというのが、子供たちに対する当初からのお考えでした。

皇室のあり方として、陛下のお言葉に見られる「国民と共に」、そして皇后様の「皇室は祈りでありたい」と「心を寄せ続ける」という形は、私の中で常に大切な言葉としてとどめてありますが、これらの言葉は、両陛下が多くのことが全く新しい未知の状態の中で、試行錯誤なさりながら一つ一つ重ねられてきたこれまでの歩みの中から生まれてきたものと言えるでしょう。

陛下の科学者としての視点

（平成12年　31歳お誕生日文書ご回答より）

（前略）恐らく南米訪問の前だったと思いますが、陛下が英国の新聞に掲載されていた「フエゴ島に生活していたネイティブの一族の最後の一人が亡くなった」という小さな記事を示され、このことは大事なことで記憶しておいた方がよいと静かに話されたことがとても印象に残っています。日々、世界の様々な動きの把握に努められるお立場にあることはもちろんですが、そのお話の背景に、陛下の科学者としての視点や、幼いころから書物を通して世界各地に親しまれてきた歴史が窺《うかが》えて、興味深く思ったものでした。

一つの物事を長く見つめ続けて

（平成14年　33歳お誕生日文書ご回答より）

両陛下のお仕事を振り返ってみますと、例えば最初はわずか九人の団員を迎えて始まった派遣地出発前の青年海外協力隊員とのご懇談は、年間千名を超える海外協力の主要な担い手となった三十年後まで行われ、皇太子同妃両殿下にお譲りになった現在も帰国隊員とのご懇談を続けておられますし、まだ日本では全く未知の分野であった昭和三十九年の日本におけるパラリンピック開催から支えてこられた障害者スポーツは、近年ではリハビリテーション的意味合いよりも、スポーツとしての面白さを定着させてきています。また、海外の日系人については、その移住国を訪れる折だけでなく常にお心にかけてこられたことですが、多数の日系の人々が日本を訪れ滞在するようになった近年、そうした人々の暮らしや、また日本における海外移住者の記録等にもお気持ちを寄せておられます。

（前略）こうした両陛下の、ご公務の範囲にとどまらない様々な物事に対する携わられ方を拝見していて、無意識の内に、一つの物事を長く見つめ続けていく努力の意義というものを教えていただいたように思います。

海外日系人のこと

（平成15年　南米ご訪問前記者会見より）

両陛下とのお話についてですが、私の外国訪問の折に限らず、両陛下からは様々な機会に外国のお話を伺わせていただきました。それは、両陛下がご訪問された折のご体験であったり、日本とその国の絆をつなぐことを努めている人々のことであったり、その国の歴史や文化のお話であったりします。そうした中でも印象深いことというと、やはり海外日系人のことではないかと思います。両陛下はいつも、日本と他国との友好に努めている人々のことをとても大切に思っていらっしゃいますが、厳しい歴史を経てその国の民となった日本人移住者やその子孫のことについては、特別に深い感慨を抱いてらっしゃるように拝見しております。

両陛下がそれぞれの国に一つの日本の印象というものを残しておられるということ

（平成15年　南米ご訪問前記者会見より）

（前略）私が両陛下がご訪問になった国々を訪問して感じたことは、両陛下がそれぞれの国に一つの日本の印象というものを残しておられるということです。

何事も前のお時代に学ばれ

（平成15年　34歳お誕生日文書ご回答より）

私たち子供たちは、両陛下から、何か家訓のように皇室のあり方について教えられたことは一度もなかったのではないかと記憶しています。お側で育っていく中で、お立場とお務めに対するご自覚や、宮中の祭祀や伝統的な行事を大切にされるお姿に接することで、皇族の務めというものを理解していったのだと思います。お祭りや行事は、もしそれが、義務だとのみ受け取っていたならば、難しさを感じていたこともあったかもしれませんが、皇后様がそれぞれに意義を見出され、喜びを持ってなさるご様子を拝見して育ったことは、私を自然にそれらのお務めに親しませたように思われ、恵まれた事だったと感じています。皇后様がなさってこられたことは、皇室にとって新しい形だけが取り上げられることが多いように思われますが、何事も前のお時代に学ばれ、特に祭祀や行事は全てそのままに受け継がれ、その上で新しい今の時代や国民の気持ちに添い、ご自分がどうあるべきか真摯に考えられる中で段々に形をなしてきたものであることを、私は忘れないでいたいと思っています。

公務は常に私事に先んじる

（平成16年　35歳お誕生日文書ご回答より）

私が両陛下のお仕事やお立場を深く見つめられるようになったのは、高校総体などでご一緒させていただくようになった高校生ぐらいからで、それ以前は漠然とした印象を、両陛下のお姿から感じていたように記憶しています。時代の流れにそって、子供たちは皆お手元で育てていただき、一つの家族として過ごせたことは本当に有り難いことでしたが、その一方で公務は常に私事に先んじるという陛下のご姿勢は、私が幼い頃から決して崩れることのないものでした。国際、国内情勢、災害や大きな事故などに加え、宮中祭祀にかかわる全てが日常に反映されるため、家族での楽しみや予定が消えることもしばしばで残念に思うことも多々ありましたが、そのようなことから、人々の苦しみ悲しみに心を添わせる日常というものを知り、無言の内に両陛下のお仕事の重さを実感するようになりましたし、そうした一種の潔さが何となく素敵だとも感じていました。両陛下のお間の絆は、陛下の全てに添われていく皇后様のご姿勢にも、楽しく時にはおかしな事を共に笑い合われる微笑ましい場面にも感じられますが、その深さの源にあるのは、皇后様が、皇太子、天皇というお立場を常に第一に考え行動される陛下のお考えを、誰よりも尊重され支えてこられた来し方ではないかと感じています。

伝統は全てそのままに

（平成16年　35歳お誕生日文書ご回答より）

私の目から見て、両陛下がなさってきた事の多くは、その場では形にならない目立たぬ地味なものの積み重ねであったと思います。時代の要請に応え、新たに始められたお仕事も多くありましたが、他方、宮中での諸行事や1年の内に最小でも15、陛下はそれに旬祭が加わるため30を超える古式装束をつけた宮中三殿へのお参りなど、皇室の中に受け継がれてきた伝統は、全てそのままに受け継いでこられました。以前皇后様は、今後皇室のあり方は変わっていくかとの質問に対し、「時代の流れとともに、形の上ではいろいろな変化があるでしょうが、私は本質的には変わらないと思います。歴代の天皇方が、まずご自身のお心の清明ということを目指され、また自然の大きな力や祖先のご加護を頼まれて、国民の幸福を願っていらしたと思います。その伝統を踏まえる限り、どんな時代でも皇室の姿というものに変わりはないと思います。」と述べておられます。累々と受け継がれてきた伝統を守ることと人々の日常に心を添わせることが、少しの矛盾もなくご生活の中に入っている、そのような日々を重ねておられることが、象徴としての存在である陛下、そして皇后様に人々がリアリティを感じている由縁ではないかと思われます。

静かに見守って

（平成16年　ご婚約内定にあたっての記者会見より）

両陛下は、これまであまり多くをおっしゃらずに静かに見守ってきてくださいましたが、お話申し上げますと、とても嬉しそうに微笑まれて、「おめでとう」と喜んでくださいました。

笑いがあふれる御所の日々

（平成17年　36歳お誕生日文書ご回答より）

幼い間は、もちろん両陛下のそうしたご苦労は何も分からずに極めてのんびりと与えられた環境の中で過ごしておりましたし、両陛下は、皇族としての在り方を言い聞かせたり諭したりして教えることはなさらずに、子供時代には子供らしく自然に育つことを大事にしてくださいましたので、果たして私がいつごろ自分の特殊な環境に自覚を持つようになったのか、今思い出してもはっきりと覚えておりません。ただ、当時皇太子同妃両殿下でいらっしゃった両陛下の、お立場に対する厳しいご自覚や国民の上を思い、平和を願われるお姿、そして昭和天皇や香淳皇后に対する深い敬愛のお気持ちなどは、日常の様々なところに反映され、自然に皇族であることの意味を私に教えたように思います。何よりありがたかったのは、お忙しく制約も多かったはずのご生活の中で、両陛下がいつも明るくいてくださり、子供たちにとって、笑いがあふれる御所の日々を思い出に持つことができたことでした。

皇后さまがお弁当を作って

（平成17年　36歳お誕生日文書ご回答より）

自分の皇族としての役割や公務について、初めて具体的に深く考えるようになった時期は、高校に入った頃ではなかったかと思います。（中略）ご訪問の先々で両陛下が人々に対されるご様子や細やかなお心配り、暑さの中、身じろぎもされず式典に臨まれるお姿などより、本当に多くのことを学ばせていただいたように感じております。振り返りますと、皇族としての公務はもちろんのこと宮中行事にも宮中祭祀《さいし》にも出席することのなかったこの頃は、両陛下がお忙しい日々のご公務を欠くことなくお務めになる傍らで、私たち子供たちの話に耳を傾けられ、朝には皇后さまがお弁当を作ってくださり、学校に出掛けるときにはお見送りくださるという日常が、どんなに恵まれていたかということにすら気が付いてはいなかったものです。

皇后さまとの二人だけの旅

（平成17年　36歳お誕生日文書ご回答より）

（前略）幼い頃から両陛下が、私たち子供たちをなるべく様々な世界に触れさせてくださったことも、務めを果たす上の心強い土台になってくれました。軽井沢など私的な旅の折々に、障害児の施設につれていっていただき、子供たちと一緒に自由に遊ばせていただいたこと、沖縄豆記者の子供たちとの交流にご一緒させていただいたこと、海外の日系移住者やハンセン病の歴史を話してくださったこと、また、伊勢神宮、熱田神宮、熊野大社を始め各地の神社参拝のため、皇后さまと二人だけの旅を行ったことなどが、子供の記憶としてではありますが私の意識にとどまり、後々、公務や宮中祭祀などに当たる折の備えになってくれたのではないかと感じております。

両陛下との日々に恵まれた幸せ

（平成17年　36歳お誕生日文書ご回答より）

私が日頃からとても強く感じているのは、皇后さまの人に対する根本的な信頼感と、他者を理解しようと思うお心です。皇后さまが経てこられた道には沢山の悲しみがあり、そうした多くは、誰に頼ることなくご自身で癒《い》やされるしかないものもあったと思いますし、口にはされませんが、未だに癒えない傷みも持っておられるのではないかと感じられることもあります。そのようなことを経てこられても、皇后さまが常に人々に対して開けたお心と信頼感を失われないことを、時に不思議にも感じていました。近年、ご公務の先々で、あるいは葉山などのご静養先で、お迎えする人々とお話しになっているお姿を拝見しながら、以前皇后さまが「人は一人一人自分の人生を生きているので、他人がそれを充分に理解したり、手助けしたりできない部分を芯《しん》に持って生活していると思う。……そうした部分に立ち入るというのではなくて、そうやって皆が生きているのだという、そういう事実をいつも心にとめて人にお会いするようにしています。誰もが弱い自分というものを恥ずかしく思いながら、それでも絶望しないで生きている。そうした姿をお互いに認め合いながら、懐かしみ合い、励まし合っていくことができれば……」とおっしゃったお言葉がよく心に浮かびます。沈黙の中で過去の全てを受け入れてこられた皇后さまのお心は、娘である私にもはかりがたく、一通りの言葉で表すべきものではないのでしょう。でも、どのような人の傍らにあっても穏やかに温かくおられる皇后さまのお心の中に、このお言葉がいつも息づいていることを私は感じております。

36年という両陛下のお側で過ごさせていただいた月日をもってしても、どれだけ両陛下のお立場の厳しさやお務めの現実を理解できたかはわかりません。他に替わるもののないお立場の孤独を思うときもありますが、大変な日々の中で、陛下がたゆまれることなく歩まれるお姿、皇后さまが喜びをもってお務めにも家庭にも向かわれていたお姿は、私がこの立場を離れた後も、ずっと私の心に残り、これからの日々を支える大きな力になってくれると思います。そうした両陛下との日々に恵まれた幸せを、今深く感謝しております。

謝恩の辞——天皇陛下へ

（平成17年11月12日　朝見の儀）

今日までの長い間、深いご慈愛の中にお育ていただきましたことを心よりありがたく存じます。ここに謹みて御礼を申し上げます。

謝恩の辞——皇后陛下へ

（平成17年11月12日　朝見の儀）

今日までの長い間、深いご慈愛の中にお育ていただきましたことを心よりありがたく存じます。ここに謹みて御礼を申し上げます。

■嫁がれる紀宮さまに両陛下が贈られたおことば

そばに来て「ドンマーイン」とのどかに言ってくれる子どもでした

（平成17年　皇后陛下71歳お誕生日文書ご回答より。ご結婚を間近に控えられた紀宮殿下へ贈られたおことば）

皇后陛下　清子は昭和44年4月18日の夜分、予定より2週間程早く生まれてまいりました。その日の朝、目に映った窓外の若葉が透き通るように美しく、今日は何か特別によいことがあるのかしら、と不思議な気持ちで見入っていたことを思い出します。

自然のお好きな陛下のお傍で、二人の兄同様、清子も東宮御所の庭で自然に親しみ、その恵みの中で育ちました。小さな蟻や油虫の動きを飽きることなく眺めていたり、ある朝突然庭に出現した、白いフェアリー・リング（妖精の輪と呼ばれるきのこの環状の群生）に喜び、その周りを楽しそうにスキップでまわっていたり、その時々の幼く可愛い姿を懐かしく思います。

内親王としての生活には、多くの恩恵と共に、相応の困難もあり、清子はその一つ一つに、いつも真面目に対応しておりました。制約をまぬがれぬ生活ではありましたが、自分でこれは可能かもしれないと判断した事には、慎重に、しかしかなり果敢に挑戦し、控え目ながら、闊達に自分独自の生き方を築いてきたように思います。穏やかで、辛抱強く、何事も自分の責任において行い、人をそしることの少ない性格でした。

今ふり返り、清子が内親王としての役割を果たし終えることの出来た陰に、公務を持つ私を補い、その不在の折には親代りとなり、又は若い姉のようにして清子を支えてくれた、大勢の人々の存在があったことを思わずにはいられません。私にとっても、その一人一人が懐かしい御用掛《ごようがかり》や出仕の人々、更に清子の成長を見守り、力を貸して下さった多くの方々に心からお礼を申し上げたいと思います。

清子の嫁ぐ日が近づくこの頃、子どもたちでにぎやかだった東宮御所の過去の日々が、さまざまに思い起こされます。

浩宮（東宮）は優しく、よく励ましの言葉をかけてくれました。礼宮（秋篠宮）は、繊細に心配りをしてくれる子どもでしたが、同時に私が真実を見誤ることのないよう、心配して見張っていたらしい節《ふし》もあります。年齢の割に若く見える、と浩宮が言ってくれた夜、「本当は年相応だからね」と礼宮が真顔で訂正に来た時のおかしさを忘れません。そして清子は、私が何か失敗したり、思いがけないことが起こってがっかりしている時に、まずそばに来て「ドンマーイン」とのどかに言ってくれる子どもでした。これは現在も変わらず、陛下は清子のことをお話になる時、「うちのドンマインさんは……」などとおっしゃることもあります。あののどかな「ドンマーイン」を、これからどれ程懐かしく思うことでしょう。質問にあった「贈る言葉」は特に考えていませんが、私の母がそうであったように、私も何も言えないかもしれません。

天皇陛下　おことば

（平成17年11月12日　朝見の儀にて）

この度の結婚は誠に喜ばしく、心からお祝いします。内親王として、その務めを立派に果たし、また、家族を優しく支えてきたことを、深く感謝しています。結婚の上は、これまでの生活の中で培ってきたものを更に育み、二人で力を合わせて楽しい家庭を築き、社会人としての務めを果たしていくよう願っています。二人の幸せを祈ります。

皇后陛下　おことば

（平成17年11月12日　朝見の儀にて）

この度はおめでとう。これまで内親王として、また、家族の一員として、本当によく尽くしてくれました。どうか新しい生活においても、家庭を大切にしつつ、社会の良き一員となっていかれますように。お二人の健康と、幾久しい幸せを祈ります。

清子は心の優しい人でしたが、とても楽しいところがありました

（平成17年12月19日　天皇陛下お誕生日記者会見より。
紀宮殿下との思い出、紀宮殿下のご結婚後のお暮らしについて尋ねられて）

天皇陛下　二人の結婚に対して、多くの人々が心のこもった祝意を寄せてくれたことをうれしく思います。

二人が2年近く十分に話し合い、心を決めることができたことは非常に幸いなことでした。二人が結婚の日を迎えるまで、様々な面で力を尽くしてくれた多くの人々に深く感謝しています。

清子は皇族として、国の内外の公務に精一杯取り組むことに心掛け、務めを果たしてきました。また家庭にあっては、皇后と私によく尽くしてくれました。私の即位の年に成年を迎えた清子が、即位の礼には、皇太子、結婚して4か月余りの秋篠宮とそろって出席し、私どもを支えてくれたことは心に残ることでした。

清子の結婚後も私の日常は様々な行事で忙しく、今のところはそれ程変わったという感じはしません。皇后はさぞ寂しく感じていることと思いますが、今

までにも増して私のことを気遣ってくれています。ただこれまでおかしいことで3人が笑うとき、ひときわ大きく笑っていた人がいなくなったことを二人で話し合っています。清子は心の優しい人でしたが、とても楽しいところがありました。

新しい道が二人にとって幸せなものであるよう願っています。

第五章

こころに沁みるおことば
節目の年の会見全文と特別なおことば

お誕生日や外国ご訪問前の記者会見、さまざまな式典や行事でのおことばのほかに、両陛下はご即位後の節目となる年にお二方そろって宮内庁担当の記者会や在日外国報道協会との記者会見に臨んでこられました。それらの会見でのおことばはいずれも両陛下が来し方を深い思いとともに振り返られたもので、周囲に対する感謝と、日本と日本国民の幸せを願うお気持ちにあふれています。心温まるエピソード、ユーモアも随所にちりばめられています。自分のあり方を振り返るよすがとして機会あるたびに何度でも全文を読み返したくなるおことばばかりです。

東北地方太平洋沖地震に関する天皇陛下のおことば、象徴としてのお務めについての天皇陛下のおことばもご紹介します。

ご即位に際しての記者会見

（平成元年8月4日）

天皇陛下　昭和天皇のご病気中、大勢の人々から、お見舞の気持ちが示され、また、崩御に当たっては、弔意が寄せられたことは、非常に心打たれるものがありました。大喪に当たっては、厳しい寒さと雨の中、多数の参列と心のこもった沿道の見送りを受け、昭和天皇は陵所にお向かいになりました。心寄せられた多くの人々の気持ちに対し、深く感謝の意を表したいと思います。また、崩御に当たって、世界各地の人々、並びに、そこに住む日本人や日系の人々が弔意を示されたことに対し、大使館の記帳簿などを見ながら、深く感謝しております。

宮内記者会及び日本記者クラブ代表質問

問1　両陛下にお伺いいたします。今年1月、昭和天皇が亡くなられた際、どの様な思いが去来したのかをお聞かせください。また、天皇陛下にお伺いいたします。闘病中を含め、昭和天皇から陛下に残された、天皇の在り方などについての、お話や心に残る思い出がありましたらお聞かせください。陛下からお願いいたします。

天皇陛下　お顔を見つめながら、とうとう崩御になったことに深い感慨を覚えました。皇位を継承したことを心に刻んだのは、一時してからのことでした。天皇の在り方については、お接しした時に感じたことが、大きな指針になっていると思います。人への思いやりなどについても学ぶことが多くありました。思い出としては色々ありますが、葉山でご一緒に過ごしたときのことなど、ついこの間のことのように、なつかしく思い起こされます。

皇后陛下　お長かったご不例の日々にも、お治りになるという希望を捨て去ることが出来ませんでしたので、崩御は本当にかなしいことでございました。その時ある思いが去来したというよりも、お側で過ごさせていただいたかけがえのない日々がとうとう終りに来てしまったというさびしさだけを感じておりました。

問２　両陛下に、お伺いいたします。即位されるにあたり、改めて心に期された点がおありですか。また、天皇陛下にお伺いいたします。即位後、警備の在り方や陛下ご自身の健康管理などに新しいスタイルが見られますが、今後の皇室の在り方について、どのようにお考えでしょうか。陛下からお願いいたします。

天皇陛下　憲法に定められた天皇の在り方を念頭に置き、天皇の務めを果たしていきたいと思っております。国民の幸福を念じられた昭和天皇を始めとする古くからの天皇のことに思いを致すとともに、現代にふさわしい皇室の在り方を求めていきたいと思っております。警備の在り方については、先の植樹祭で、社会の迷惑にかからないように色々工夫がなされており、苦労も多かったと思いますが、そのような方向で心をくだいてくれたことをうれしく思っておりま す。健康管理については、医学の進歩に応じたものが必要と思います。

皇后陛下　陛下のご即位後の1年は、先帝陛下のみたまをおしのびする諒闇の1年でもあり、この大切な時期に過去のことをよく学び、これからの自分のあり方について考えたいと思います。また、陛下が、今までにも増して重い責務を果たしていらっしゃるのですから、日々のお疲れをいやす安らぎのある家庭を作っていきたいと願っています。

問3　陛下にお伺いいたします。「即位後朝見の儀」のお言葉の中で、「皆さんとともに憲法を守り、これに従って責務を果たす。」とお述べになっていらっしゃいますが陛下の憲法への思いをお聞かせください。

天皇陛下　憲法は、国の最高法規ですので、国民と共に憲法を守ることに努めていきたいと思っています。終戦の翌年に、学習院初等科を卒業した私にとって、その年に憲法が公布されましたことから、私にとって憲法として意識されているものは日本国憲法ということになります。しかし、天皇は憲法に従って務めを果たすという立場にあるので、憲法に関する論議については言を謹みたいと思っております。

在日外国報道協会代表質問

問4　両陛下に伺います。両陛下は、これまで国際親善に熱心に取り組まれてきましたが、その意義についていかがお考えでしょうか。中国、韓国ご訪問が実現された場合の歴史的意味についてどうお考えでしょうか。また、皇室は『日本らしさ』の象徴として世界から受け止められていますが日本の国際化の象徴として、皇室も外国製の車を使い、外国ブランドの服を着、外国産のコメをお食べになったらいかがでしょうか。あるいは、皇太子殿下を含め、皇室のメンバーが、外国人と結婚する可能性についてはいかがでしょうか。

天皇陛下　現在の世界は、あらゆる国々が国際社会の一員という立場に立たなければ、人類の幸福は得られないという状況になっていると思います。したがって、国と国との親善関係の増進は極めて重要なことです。それには、人と人との交流が果たす役割も大きなものがあると思います。私も、そのような意味で、私の立場から、外国の人々との理解と親善の増進に役立つよう努めていきたいと思っております。中国と韓国の訪問については、私の外国訪問は、政府が決めることですが、そのような機会があれば、これらの国々との理解と親善関係の増進に努めて、意義あるようにしたいと思っております。国産品、外国産品の問題については、国産品、外国産品を問わず、ふさわしいものを使うということが望ましいと思われます。**国際化には色々の面がありますが、最も大切なことは、外国の人々に対して、それぞれの心を理解しようと努め、お互いに人間として理解し合うように努めることが大切と思います。**皇族の結婚については、本人の問題と皇室会議を経るという手続がありますので、私の立場でいうことは差し控えたいと思っています。

皇后陛下　国際親善は、いろいろな立場の人々がそれぞれの立場で友好を深めていって、次第に国同士の親しさが醸し出されて来るというものではないかと考えています。私も、私の必要とされる分野で、努めていきたいと思います。大韓民国と、中華人民共和国の訪問については、いま陛下がおっしゃったことと私も同じ気持ちでおります。要請がございましたら、心をこめて務めを果たしたいと思います、次は何でしたかしら。（質問を繰り返す。）私どもの生活の中には、もちろん外国の品々が沢山入って来ておりますが、私は、自分の育った時代もあって、どちらかというと国産の製品を愛用する方かもしれません。質問の中にあった「日本らしさ」ということも、「国際化」ということも、物と心の両面にかかわることですので、この問題はもう少し全体として捉え、これからも考えていきたいと思います。最後の質問については陛下のお答えと同じになると思います。

宮内記者会及び日本記者クラブ代表質問

問5　陛下にお伺います。昭和天皇が亡くなられて以降その、戦争責任の問題が国の内外で改めて論議されました。天皇と戦争責任、それをめぐる現在の論議について、どの様にお考えでしょうか。陛下の戦争と平和に対するお考えをお聞かせください。

天皇陛下　昭和天皇は、平和というものを大切に考えていらっしゃり、また、憲法に従って行動するということを守ることをお努めになり、大変ご苦労が多かったと深くお察ししています。先の大戦では、内外多数の人々が亡くなり、また、苦しみを受けたことを思うと、誠に心が痛みます。日本は、新しい憲法の下平和国家としての道を歩み続けていますが、世界全体で一日も早く平和が訪れるよう切に願っています。

記者　今の質問に関連して陛下にお伺いします。先頃中国の李鵬首相が来日しましたが、このときの会見で陛下は日中戦争をめぐり中国に、遺憾の意を表明されたと伝えられました。どのようなお気持ちでそうおっしゃったのか、お聞かせください。

天皇陛下　その問題については、公表しないことになっております。

記者　さきほどの昭和天皇の戦争責任の質問で昭和天皇は、平和を大切にし、考えておるとおっしゃいましたが、これは陛下として、昭和天皇には戦争に関する責任はなかったとお考えだというふうに、とらえてよろしいでしょうか。

天皇陛下　私の立場では、そういうことはお答えする立場にないと思っております。

問6　陛下に伺いします。昭和天皇の戦争責任をめぐる長崎市長の発言が大きな波紋を呼びましたが、これ以外にも、天皇制、とりわけ戦争責任については、自由な論議が封じられる風潮があります。天皇制をめぐる言論の自由については、どの様にお考えでしょうか。

天皇陛下　言論の自由が保たれるということは、民主主義の基礎であり大変大切なことと思っております。

記者　今、おっしゃった言論の自由という観点から、主旨質問の中にもありましたけれども、戦争責任について論じたり、あるいは天皇制の是非を論じたりするものも含んでいるというふうにお考えでしょうか。

天皇陛下　そういうものも含まれております。

問7　陛下にお伺いします。今年2月の昭和天皇の大喪の礼では、憲法の政教分離の原則に抵触するかをめぐって様々な論議を引き起こしました。来年の即位の礼や大嘗祭への陛下のお考えをお聞かせください。

天皇陛下　この問題につきましては、内閣が慎重にいろいろな角度から、検討を行っていると思います。

記者　大嘗祭とは別にですね、いわゆる宮中祭祀、新嘗祭ですとか一般的な宮中祭祀に対して、陛下はどのような心構えで臨まれていらっしゃるでしょうか。

天皇陛下　昭和天皇も宮中祭祀を大切に考えていらっしゃいました。その気持ちを受け継いでいきたいと思っております。

問8　陛下にお伺いします。陛下はこの度、昭和天皇の遺産を相続され、相続税を支払われましたが、そのご感想をお聞かせください。また、今後もこのように資産を公開されていくお考えは、おありでしょうか。

天皇陛下　相続税の問題については、法令に従って行うのが望ましいと考えます。また、皇室の経済については、憲法や法律に定められており、資産の公開についても、それに従いたいと思っています。

記者　相続税の納税に関連しまして、お納めになったと同時に天皇にも私的な側面があるということを承りましたが、天皇のおおやけ、公的な部分と私的な部分との区分をどうするのかということについて、お伺いしたいと思います。

天皇陛下　この問題については、非常に区別がはっきりしているものもあれば、また、はっきりしていないものもあると思います。その場合、場合によって、やはり考えていかなければならないのではないかと思っております。

問9　両陛下にお伺いします。皇太子さまが結婚の目標とされてきた30歳まで、あと半年となりました。ご結婚の時期や見通しについて、両陛下の率直なお気持ちをお聞かせください。皇太子さまは来春にも独立されますが、そのご感想も併せてお伺いします。また、礼宮さまも親しい方がいらっしゃる様ですけれども、皇太子さまより先にご結婚される場合も有り得ますでしょうか。陛下からお願いいたします。

天皇陛下　結婚の問題については、お答えすることはできません。皇太子とは永年一緒に住んできましたので色々とお互いに良い影響を受け合ってきたと思います。今後ともそういう関係が続くことを願っています。

皇后陛下　私も、東宮様や礼宮の結婚については答えを控えさせて頂きます。東宮様は、独立なさって、しばらくは不便もおありかと思いますが、やがてこれも中々いいものだとお思いになるのではないでしょうか。時たまでよろしいからビオラを聴かせにいらして下さるとうれしいと思います。

在日外国報道協会代表質問

問10　陛下に伺います。イギリスの王室は、環境、文化の問題について、積極的に発言をされてます。日本は、世界から地球規模の環境問題で積極的な役割を期待されている一方、環境破壊について、責任を問われています。こうした点で皇室の果たしうる役割を含め、いかがお考えでしょうか。

天皇陛下　現在環境の問題は、世界のあらゆる人々が関心を持たなければいけないほど相互依存性の強い問題になっていると思います。皇室としては、ふさわしい在り方で、国民の関心が高まるように努めていきたいと思っております。皇太子時代、毎年豊かな海づくり大会に出席しましたのも、日本をかこむ海が少しでも良くなるように願ってのことでありました。地球規模の環境が日本でもだんだん関心を集めてき、それに取り組む人々が増えてきていることを、大変うれしく思っております。

宮内記者会及び日本記者クラブ代表質問

問11　陛下にお伺いいたします。新御所の建設が具体化いたしましたが、御所の設計や御用邸の利用方法について、どのようにお考えでしょうか。また、外国では、宮殿などの施設が広く国民に開放されている例がみられますが国民の接点を広げるというような観点からどのようにお考えでしょうか。

天皇陛下　御所の建設については政府が決めたばっかりで、まだ何も決まっていません。御用邸については、今年の夏は皇太后様もいらっしゃるようですので昭和天皇にゆかりの深い那須に一週間ばかり過ごそうと思っています。宮殿などの開放については、私は英国戴冠式の時に、各国を訪れ、そのことを深く印象づけられました。日本でも、京都御所は早くから一般に公開されており、その後、皇居東御苑が造られ、現在人々の憩いの場になっていることを、大変うれしく思っております。この問題については、色々な面から検討される必要があると思います。

記者　国民の接点という点から関連して質問させていただきます。昭和天皇は、沖縄訪問の強いお気持ちを持ちながら実現されませんでしたが、沖縄県はいまだに天皇陛下をお迎えしたことがありません。沖縄戦で亡くなられた20万余の慰霊を含めまして、沖縄訪問のお考えをお聞かせいただきたいと思います。

天皇陛下　機会があれば、是非、沖縄を訪問し、沖縄の人々の心を、気持ちを、戦争で亡くなった人々、また、多くの苦しんだ人々のことを考え、沖縄を訪問したいと思っております。

問12　皇后様にお伺いいたします。ご結婚30周年のご感想をお聞かせください。それから両陛下にお伺いいたします。皇太子時代は、友人との気軽なお付き合いが可能だったわけですけれども、こうした私的なライフスタイルはこれからも続けていかれるのでしょうか。皇后様からお願いいたします。

皇后陛下　30年にわたって、先帝陛下と皇太后陛下のお教えを受けて過ごすことができ幸せでございました。また、**今上陛下が、いつも本当に広いお心でありのままの私を受け容れて下さいましたので、そのやすらぎの中で導かれ、育てられて来たように思います。**両親のもとで過ごした年月よりも更に長い年月が過ぎたことを思いますと、やはり深い感慨を覚えます。

天皇陛下　演奏やテニスを家族でするということは今後も続いていくと思います。しかし、テニスについては技術の差が大分多くなりまして良いゲームはむずかしくなってきました。これからも、広く人々と接することは、進めていきたいと思っています。

記者　昭和天皇のご闘病の関連で伺いたいのでございますが、昭和天皇にはガンの告知がなされませんでしたけれども、陛下は、昭和天皇がガンであることをご存知だったと思うのですが、そのことについて、肉親としてのお気持ちをお聞かせいただきたいと思います。

天皇陛下　高木侍医長は、侍医としても務めており、その後侍医長として務めたわけで、高木侍医長の意見に従うのが最も良いと、私は考えました。

天皇陛下　還暦をお迎えになっての記者会見

（平成5年12月20日）

宮内記者会代表質問

問1　60歳、還暦を迎えられますが、戦争のあった昭和から平成の時代を振り返っての感慨と、最も印象に残った出来事をお聞かせください。

天皇陛下　60年にわたる期間には多くの出来事があり、振り返ってみますと、様々な感慨が浮かびます。中でも戦争の痛手から立ち上がり、国民一人一人が豊かになり、国際社会において、国として、また、個人として、貢献する立場になったことに最も深い感慨を覚えます。

戦後、日光の疎開先から焼野原の中にトタンの家の建つ東京に戻ってみた状況は、現在の東京からは、とても考えられないものでした。日本がこのように発展することは、当時、誰しも想像できなかったことと思います。国民が互いに協力し合い、たゆまぬ努力を重ねてきたことを忘れることはできません。

産業の発展する過程において、公害問題が深刻化しましたが、多くの人々の協力により、それが改善されてきたことも印象深いものでした。環境問題は人口が過密化している日本では、特に真剣に取り上げなければならない問題であり、今後とも努力が必要です。ここで研究された技術は、今後ますます重要視されてくる世界の環境問題に貢献し得るものになることと思います。

平和条約の発効は、私が18歳で成年に達した数か月後のことであり、私の公務は、戦後新たに着任した外国の大公使に会うことから始まったことからも印象深いものです。

その翌年、英国の女王陛下の戴冠式への参列と欧米諸国への訪問は、私に世界の中における日本を考えさせる契機となりました。最初にお話した感慨もその時の印象が基になっています。

沖縄の返還も印象深いものでした。返還から3年後、沖縄を訪問、海洋博覧会名誉総裁として沖縄を訪問し、多くの人命が失われた戦跡を訪れ、また、沖縄の歴史や風土に触れたことは深く心に残っています。沖縄県が多くの困難を抱えながらも、県民の努力により、状況が改善されてきていることを、今年の春の沖縄訪問で見聞し、嬉しく思っています。

大喪の礼、即位の礼も私の60年にとって忘れることのできないものとして挙げなければならないと思います。歴代天皇の伝統を受け継ぎ、象徴として務めを果たしていく立場に深く思いをいたしました。

国外の問題として最も印象に残るものとしては、ベルリンの壁の取り壊しからソヴィエト連邦の解体に至る動きが挙げられます。これは、お互いに理解し合うことの出来る平和な世界が、今後に築かれていくことを感じさせる動きです。

また、私自身のことに関しましては、結婚が挙げられます。**温かみのある日々の生活により、幸せを得たばかりでなく、結婚を通して自分を高めたように感**

じています。

問2　最近、皇室について様々な論議がされていますが、陛下は平成の皇室について、どう考えられていますか。

天皇陛下　日本国憲法に、天皇は日本国の象徴であり、日本国民統合の象徴であると規定されています。この象徴の望ましい在り方を常に求めていかなければならないものと思います。

私は長い天皇の歴史を振り返り、国民の幸せを念頭に置きながら自分を省みつつ、国や国民のために務めを果たしていきたいと思っています。

皇室全体としては和の精神をもって、お互いに助け合い、国や国民のために尽くす皇室であって欲しいと願っています。

問3　皇后様は、まだ完全にはお言葉を話せない状態が続いています。医師は病気の原因について、所見で「長期にわたり心に大きな傷を受けておられた」と述べています。陛下は皇后様の病気について、どうお考えでしょうか。また、皇后様にはどのように接しられているでしょうか。

天皇陛下　結婚して34年、その間、皇太子妃として、また、皇后として、国や国民のこと、また、私につながる人々のことを念頭に置きながら、心を尽くしてくれていましたが、誕生日以来、話すことが出来なくなったことに深く心を痛めています。

金澤教授の心のこもった診察を受け、良い方向に向かっていることは嬉しいことです。ゆっくり見守っていきたいと思っています。

その間、多くの国民から、また、世界の各地から寄せられたお見舞に深く感謝しています。

言葉が話せないということは、計り知れない苦労であると思いますが、そういう状況の中で穏やかに過ごしていますので、私も普段と変わらず接し、公務にも、また、日常の生活にも、明るく過ごすことができました。

問4　この1年間で最も心に残ったことをお聞かせください。

天皇陛下　今年、最も心に残ったこととしては、経済情勢の厳しい上に、地震、津波、集中豪雨、台風、さらに冷夏という大きな被害を受けたことです。北海道南西沖地震では200人以上、また、鹿児島県の集中豪雨では70人以上の人々が亡くなり、今年一年で400人以上の死者、行方不明者が出ました。遺族や災害を受けた人々の悲しみや苦しみは、いかばかりかと思います。立ち直られる日の一日も早いことを念願しております。

皇太子の結婚が決まり、国民の祝福の中で結婚の儀を挙げることができたことを嬉しく思っています。

また、大喪の礼、即位の礼にも来てくださり、初めてベルギーを訪問して以来、40年にわたって親しくお付き合いしてきたボードワン国王陛下が突然お亡くなりになったことは深く心に残ることでありました。

今年の秋、イタリア、ベルギー、ドイツを訪問し、それぞれ心のこもったおもてなしを受けたことも心に残っております。

問5　ご公務の量が多すぎるのではないかと懸念する声も出ています。陛下ご自身の考えをお聞かせください。

天皇陛下　**私は公務の量が多いとは考えていません。公務は国や国民のために行うものであり、それが望ましいものである以上、一つ一つを大切に務めていきたいと思っています。**ただ、昔に比べ、公務の量が非常に増加していることは事実です。国々の数が増加し、外国との交流も盛んになってきていることをみても、当然のことで、信任状捧呈の数や外国の元首や首相の訪日も非常に多くなってきています。

この前の金曜日には2か国の大使の信任状と2か国の大使の離任のあいさつを受けましたが、新任の大使の一人は初代の大使であり、離任の二人の大使はいずれも初代の日本常駐の大使でした。

問6　新しい御所に移られての感想をお聞かせください。赤坂御所と比べて、機能面や生活様式に変化はありましたでしょうか。

天皇陛下　移転は、私にとり大きな生活の変化でした。皇居に住むことを願う国民の期待に応えて、気持ちを新たにして、御所の生活を始めたいと思っています。設計者を始め工事関係者が、一生懸命、尽力してくれたことを感謝しています。赤坂御所に比べると小さく、生活空間がまとまっています。

33年間住んだ赤坂御所を去り、皇居に移るには、様々な思いがありましたが、御所の周辺は美しく私の部屋から見えるもみじの紅葉《こうよう》が印象的でした。まだ新しい生活が始まったばかりですので、吹上の中もまだ散策していません。

赤坂と皇居の往復がなくなり、街の様子や街を行く人の姿を目にすることが少なくなったことを感じています。

問7　今年、皇太子様が結婚されましたが、これまでのお二人の様子についての感想と今後、希望されることをお聞かせください。

天皇陛下　結婚後、二人が幸せに過ごしている様子をうれしく思っています。国民の祝福を受けて結婚したことを、心にとどめ、今後の務めを果たしていくよう願っています。

問8　紀宮様の結婚の見通しはいかがですか。また、どのような家庭を築くことを希望されますか。

天皇陛下　結婚については、本人はまだ少し先のことのような考えを持っているように見受けます。皇后の病気に際しては、行き届いた配慮で尽くしてくれたことは本当にうれしいことでした。私にとりまして、結婚はまだ少し先にして欲しいような気持ちもあります。もちろん、そのような気持ちが本人に動いてきたならば、それを引き止めるようなことは毛頭しないつもりです。

結婚の問題に関しては、今後、やはり皇太子の時と同じく、発言を控えていきたいと思います。

関連質問

問1　この機会に昭和天皇について、お伺いしたいと思います。昭和の歴史を通じて昭和天皇がなされた数々の事蹟、あるいは、その折々の心境等について陛下ご自身が還暦を迎えられた今日改めて理解を深くされたり、あるいは、感慨を抱かれたりした部分がありましたらお聞かせください。

天皇陛下　昭和天皇のことに関しては、いつも様々に思い起こしております。その一つ一つを取り上げていくことは、難しいと思いますが、やはり、昭和の初めの平和を願いつつも、そのような方向に進まなかったことは、非常に深い痛みとして心に残っていることと察しております。

昔、ヴェルダンの古戦場を訪れたときに、平和というものが非常に大切だということを感じた、ということを言ってらしたのが思い起こされます。

昭和天皇は、来年は平成6年ですが、昭和6年には柳条湖事件が起こっています。本当にご苦労が多かったこととお察ししております。

問2　陛下もご還暦を迎えられてお孫さんもいらっしゃるということで、普通ならおじいちゃんと呼ばれているでしょうけれども、秋篠宮家の眞子ちゃんからはどのように呼ばれていらっしゃいますか。

天皇陛下　今は確か、「おじじさま」と呼ばれているように思います。

皇后陛下　還暦をお迎えになっての文書ご回答

（平成6年）

問1　皇室に入られて35年間で感激されたこと、苦労されたことを含み、60年の人生を振り返りつつ還暦をお迎えになった感想をお聞かせください。

皇后陛下　還暦を迎え、私を生かしてくれた遠い日の両親を思うと共に、今日まで私を導き、助け、支えて下さった多くの方々の上に思いをめぐらせています。60年の間には、様々なことがありましたが、特に疎開先で過ごした戦争末期の日々のことは、とりわけ深い印象として心に残っています。当時私はまだ子供でしたが、その後、年令を増すごとに、その時々の自分の年令で戦時下を過ごした人々のことを思わずにはいられません。戦後の社会を担った私共の先人が、戦争で失われた人々の志も共に抱いて働いた中で、奇蹟といわれる日本の戦後の復興があり得たのではないかと考えています。

結婚は私の生活を大きく変えましたが、陛下は寛いお心で、ありのままの私を受け入れ、今日に至るまでゆっくりと導き続けて下さいました。また、昭和天皇、皇太后様がお見守り下さる中で、三人の子供たちが育った日々のことは、私の大切な思い出となっています。御所の生活を整ったものとし、公務のなかで子供を育てることも、人々の協力なしには出来ないことでした。私の務めを、陰で静かに支えてくれた人々を、今、懐かしく思い出しています。いたらぬことが多ございましたが、これまで多くの方々が寄せて下さったお気持ちに支えられ、この日に至れたことを感謝し、陛下のお側で、また明日からの務めを果たしていきたいと思います。

問2　昨年お倒れになってから一年が経ちました。この一年間は二回の海外訪問など多忙な日々でしたが、この一年間を振り返っての感想をお聞かせください。

皇后陛下　この一年で特に印象に残っていること

1．南アフリカのアパルトヘイト終焉
2．硫黄島、父島、母島訪問
3．夏の酷暑と渇水

問3　皇后さまが入られて35年間で皇室もずいぶんと変わりました。「皇后さまが陛下とお二人で新しい風を吹き込まれた」という意見も聞かれますが、いかがお考えですか。皇后さまが目指される皇室像を含めてお聞かせください。

皇后陛下　皇室も時代と共に存在し、各時代、伝統を継承しつつも変化しつつ、今日に至っていると思います。この変化の尺度を量れるのは、皇位の継承に連なる方であり、配偶者や家族であってはならないと考えています。

伝統がそれぞれの時代に息づいて存在し続けるよう、各時代の天皇が願われ、御心をくだいていらしたのではないでしょうか。きっと、**どの時代にも新しい**

風があり、また、どの時代の新しい風も、それに先立つ時代なしには生まれ得なかったのではないかと感じています。

（皇室観について）

私の目指す皇室観というものはありません。ただ、陛下のお側にあって、全てを善かれと祈り続ける者でありたいと願っています。

問4　最近の関心事は何ですか。また、これからの人生をどのようにお過ごしになりたいですか。

皇后陛下　陛下と皇太后様が、末長くご健康でいらして頂きたいと思います。

（これからの生き方について）

だんだんと年を加えていくことに、少し心細さを感じますが、身に起こることと、身のほとりに起こることを、出来るだけ静かに受け入れていけるようでありたいと願っています。

問5　紀宮さまのご結婚についてどのようにお考えですか。皇后さまのお考えになる家族観と合わせてお聞かせください。

皇后陛下　本人の気持ちを大切にし、静かに見守っていきたいと思います。紀宮がいてくれたことは、私共一家にとり、幸せでした。今、家族皆が、紀宮の将来が幸せであってほしいと願っています。

家族観という程のものは持ちませんが、私の家庭に対する考え方は、恐らく以前、結婚25周年の記者会見でお答えしたことと変わっていないと思います。

《侍従職註》

昭和59年、ご結婚25周年記者会見

（家庭づくりの基本的な考え方を・・・・との質問に対してのお答え）

基本的な考え方というようなしっかりしたものはあまりございませんでした。ただ、私自身おそばにあがらせていただいた時から、ずっと東宮様にすべて受け入れていただき、やすらいだ気持ちの中で導かれ、育てていただいたという気持ちが強いものでございますから、そうした幸せな経験を今度は子供達の上に生かしていきたいとずっと願い続けてまいりました。**その人が、仮に一時それにふさわしくなくても、受け入れるところが家庭なのではないかと思います。**

ご即位十年に際しての記者会見

（平成11年11月10日）

宮内記者会代表質問

問1　両陛下に伺います。この10年間は内外ともに多事多難な時代でしたが、今20世紀を超えて新たな時代を展望するところまできています。こうした中、御即位10年を迎え、様々な慶祝行事も行われております。両陛下は、どのようなお気持ちで、御即位10年に当たる今を迎えられましたか。

天皇陛下　回答をまとめてみましたが、言い尽くせないこともあるといけないので、紙を見ながらお話しします。

経済状況の厳しい中でお祝いをしてくださることを心苦しく思っていましたが、お祝いの気持ちには深く感謝し、うれしく思っています。

日本は、戦後、互いに国民が協力し、たゆみなく努力を重ねて、今日の平和と繁栄を享受するに至りました。同時に、国土と社会は大きく変貌《へんぼう》しました。近年、特に高齢化、情報化、国際化が著しく進み、日本の社会に様々な影響を与えてきています。そのような新しい動きに対応するには、多くの困難があることと思いますが、過去に幾多の困難や障害を乗り越えてきた日本の歴史を思い起こし、国民一人一人の叡《えい》知と国際社会の協力により、これらの困難が立派に克服されていくことを信じています。特に、現在の厳しい経済情勢の下で、国民の生活が案じられますが、皆が互いに助け合うことにより、この状況がよい方向に向かっていくことを念願しています。そして、国民が世界の人々と共に、よりよい未来を築いていくよう力を尽くしていくことと期待しています。

即位以来、天皇は日本国の象徴であり、日本国民統合の象徴であるという憲法の規定に心し、昭和天皇のことを念頭に置きつつ、国と社会の要請や人々の期待にこたえて天皇の務めを果たしてきました。その陰にあって、皇后が献身的に尽くしてくれたことを深く感謝しています。即位以来もう10年も経《た》ったのかという深い感慨を覚えるこのごろです。

皇后陛下　即位後の10年間は、陛下にはお忙しく、お心遣いの多い日々でおありでしたので、私には、陛下がお健やかに今日をお迎えになったことが、何よりも有り難く、うれしく思われます。私にとっても、この10年は新しい経験に満ちたもので、時に心細く思うこともございましたが、どのような時にも、陛下が深いお考えの下で導き励ましてくださり、また、常に仰ぎ見るお手本として、先帝陛下と皇太后陛下がいらしてくださったことは、私の10年の歩みの、この上なく大きな支えでございました。

私は、今でも深い感謝のうちに、昭和34年の御成婚の日のお馬車の列で、また、9年前の陛下の御即位の日の御列で、人々から受けた祝福をよく思い出します。40年前、東宮妃として私を受け入れてくださった皇室の御恩愛と、私の新しい生活への二度の旅立ちを、祝福を込めて見立ててくださった大勢の方々の温かいお気持ちに報いたいと思いつつ、今日までの月日が経ちました。沢山の儀式や行事を整え、私どもを陰から静かに支え続けてくれた宮内庁の職員も含め、心を寄せてくださった大勢の方々のお陰で、この日のあることを思います。

至らぬことが多うございましたが、これからも陛下のおそばで人々の幸せを願いつつ、務めを果たしていきたいと思います。

問2　両陛下は、皇太子、皇太子妃時代から、障害者や高齢者などの福祉問題に強い関心を寄せられてきました。また、御即位後も福祉施設の御訪問に加えて、被災地のお見舞いや復興に心を配られてきました。こうした10年間の御活動を、どうお考えになり、また、今後の両陛下の果たすべき役割を、どのようにお考えになりますでしょうか。

天皇陛下　障害者や高齢者、災害を受けた人々、あるいは社会や人々のために尽くしている人々に心を寄せていくことは、私どもの大切な務めであると思います。福祉施設や災害の被災地を訪れているのもその気持ちからです。私どものしてきたことは活動という言葉で言い表すことはできないと思いますが、訪れた施設や被災地で会った人々と少しでも心を共にしようと努めてきました。

この10年を顧みますと、災害で多くの人々が亡くなりました。阪神・淡路大震災では六千人を超す人々が亡くなり、奥尻島とその対岸を襲った地震と津波では二百人以上の人の命が失われました。本当に心の痛むことです。身内の人を失った人や、住む家を無くした人々の気持ちはいかばかりかと察しています。集中豪雨や台風については、営々として治山治水を続けてきた効果が近年気象情報の整備に相伴って死者が減少している傾向になってきています。このことは誠に喜ばしいことでありますが、ただ、今年は残念ながら6月に広島に集中豪雨があり、9月に台風で熊本県を中心として大きな被害が出ました。誠に痛ましいことです。防災に当たっている人々の労を心からねぎらいたく思います。

高齢化社会を迎え、福祉の面は厳しい状況にありますが、心の絆《きずな》を強め、様々な課題に対するたゆみない努力により、皆が幸せな気持ちになれるような社会を築いていくことを期待しております。私どもがそのような心の支えに寄与することができればと思っています。

皇后陛下　陛下が仰せになりましたように、**困難な状況にある人々に心を寄せることは、私どもの務めであり、これからも更に心を尽くして、この務めを果たしていかなければいけないと思っております。**

福祉への関心は、皇室の歴史に古くから見られ、私どもも過去に多くを学びつつ、新しい時代の要求にこたえるべく努めてまいりました。また、福祉と皇室とのつながりの上で、これまで各皇族方が果たしてこられた役割も非常に大きく、今も皆様が、それぞれの分野で地道な活動を続けておられます。

この10年間、陛下は常に御自身のお立場の象徴性に留意をなさりつつ、その上で、人々の喜びや悲しみを少しでも身近で分け持とうと、お心を砕いていらっしゃいました。**社会に生きる人々には、それぞれの立場に応じて役割が求められており、皇室の私どもには、行政に求められるものに比べ、より精神的な支援としての献身が求められているように感じます。**役割は常に制約を伴い、その制約私どもの社会との接触も、どうしても限られたものにはなりますが、その制約の中で、少しでも社会の諸問題への理解を深め、大切なことを継続的に見守り、心を寄せ続けていかなければならないのではないかと考えております。様々な事柄に関し、携わる人々と共に考え、よい方向を求めていくとともに、国民の叡《えい》知がよい判断を下し、人々の意志がよきことを志向するよう常に祈り続けていらっしゃる陛下のおそばで、私もすべてがあるべき姿にあるよう祈りつつ、自分の分を果たしていきたいと考えています。

問3　戦後54年が経過し、かつて激戦地となった沖縄で、来年サミットが開かれます。天皇陛下は戦後、長く沖縄の現状について心を配られてきました。また、外国訪問の際にも、戦争の傷跡について、深くお考えになったと思われます。内外の戦争の惨禍を次の世代に伝える上で、現在どのようなお気持ちでいらっしゃいますか。

天皇陛下　私の幼い日の記憶は、3歳の時、昭和12年に始まります。この年に盧溝橋事件が起こり、戦争は昭和20年の8月まで続きました。したがって私は戦争の無い時を知らないで育ちました。この戦争により、それぞれの祖国のために戦った軍人、戦争の及んだ地域に住んでいた数知れない人々の命が失われました。哀悼の気持ち切なるものがあります。**今日の日本が享受している平和と繁栄は、このような多くの犠牲の上に築かれたものであることを心しないといけないと思います。**

沖縄県では、沖縄島や伊江島で軍人以外の多数の県民を巻き込んだ誠に悲惨な戦闘が繰り広げられました。沖縄島の戦闘が厳しい状態になり、軍人と県民が共に島の南部に退き、そこで無数の命が失われました。島の南端摩文仁に建てられた平和の礎には、敵、味方、戦闘員、非戦闘員の別なく、この戦いで亡くなった人の名が記されています。そこには多くの子供を含む一家の名が書き連ねられており、痛ましい気持ちで一杯になります。さらに、沖縄はその後米国の施政下にあり、27年を経てようやく日本に返還されました。このような苦難の道を歩み、日本への復帰を願った沖縄県民の気持ちを日本人全体が決して忘れてはならないと思います。**私が沖縄の歴史と文化に関心を寄せているのも、復帰に当たって沖縄の歴史と文化を理解し、県民と共有することが県民を迎える私どもの務めだと思ったからです。**後に沖縄の音楽を聞くことが非常に楽しくなりました。

先の大戦が終わってから54年の歳月が経《た》ち、戦争を経験しなかった世代が二代続いているところも多くなっています。戦争の惨禍を忘れず語り継ぎ、過去の教訓をいかして平和のために力を尽くすことは非常に大切なことと思います。特に戦争によって原子爆弾の被害を受けた国は日本だけであり、その強烈な破壊力と長く続く放射能の影響の恐ろしさを世界の人々にもしっかりと理解してもらうことが、世界の平和を目指す意味においても極めて重要なことと思います。近年は広島、長崎を訪問する外国の賓客が多くなっていることは、その意味において意義深いことと考えます。

在日外国報道協会代表質問

問4　両陛下はこの10年間に何度か外国を御訪問されましたが、当時の最も印象深い思い出や、ハプニングについてお話をお聞かせください。また、そうした機会を体験されて、日本が国際的役割の中で世界に発信した方がよいと思われるメッセージは何だとお考えでしょうか。

天皇陛下　訪問国で多くの人々とその人々が住む風土に接し、訪問国への理解を深めることができました。そして、訪問地で人々の温かい心に触れたことが懐かしく思い起こされます。中国を除いては、皇太子の時訪問した国々でしたが、日本とそれぞれの国との交流が一層進んできていることが感じられ、うれしく思いました。また、初めて訪れた中国では、多くの人々が親しみをもって迎えてくれたことも印象に残っています。それぞれの国の歩んできた道は違いますが、人々の気持ちには国境を越えて非常に近いものがあるように思います。

この10年間に世界を最も大きく変えた出来事は、ソヴィエト連邦の崩壊だと思います。このことは鉄のカーテンが取り払われ、力によらずお互いに理解し合うことのできる平和な世界が築かれていくことを感じさせるものでした。今朝はちょうどベルリンの壁が壊されてから10年に当たりますが、壁が壊されてから4年後、私はドイツを訪問し、時のワイツゼッカー大統領、ディープゲンベルリン市長両御夫妻と共に、皇后と西ベルリンから東ベルリンへ壁のないブランデンブルグ門を通って歩き、そこでベートーベンの「歓《よろこ》びの歌」の合唱を聴いたことは忘れ得ない思い出となっています。

地球環境が人類の活動によって様々な影響を受けている今日、住み良い地球環境をつくっていくことは緊急のことであります。そのためにも世界の人々が互いに協力して、地球環境を守れるような平和な世界を築いていかなければなりません。世界の各地で紛争が起こり、多くの命が失われている今日、平和の大切さを世界の人々が十分に理解するよう、日本の人々が、たゆみなく努力していくことが大切なことと思います。
ハプニングについては思い当たりません。

皇后陛下　10年間に訪れたどの国においても、幾つかの懐かしい再会があり、沢山の新しく印象深い巡り合いがありました。遠い国々を訪ね、そこに母国におけると同じく、心を通い合わせることのできる人々を見いだすことは本当にうれしく楽しいことでした。

それぞれの旅に思い出があり、その中から最も印象深い一つを選ぶことは難しいのですが、今、陛下もお触れになりましたように私も壁崩壊後のベルリン訪問は、とりわけ深い印象とともに思い出します。

今から10年前のちょうど今ごろ、テレビのニュースで朝の光を一杯に受けたブランデンブルグ門に群がる人々の笑顔を見、その明るい光景に強く心打たれてから4年後、陛下のお伴をしてベルリンを訪れ、ワイツゼッカー大統領御夫妻とベルリンのディープゲン市長御夫妻と共に、ブランデンブルグ門を通りました。その後壁の周辺を歩き、そこで亡くなった幾人かの方々のお墓を見、この壁と共にあった30年近くに及ぶ世界の歴史と、その壁のために命を失った人々と、また運命をたがえた多くの人々の上に思いを致しました。忘れることのできない旅の一日でした。

二つ目の質問である、日本が世界に発信すべきメッセージについては、これは様々であってよいのだと思います。日本という国単位の、大きなメッセージというよりも、個人や団体が、それぞれの立場や役割の中から、具体的に発信していくことがいいのではないかと思います。また、私は幾つかの国を訪問する機会を得る中で、一国が発信するメッセージは、必ずしも言葉や行動により表現されるものばかりとは限らず、例えば一国の姿や、たたずまい、勤勉というような、その国の人々が長い年月にわたって身に付けた資質や、習性というものも、その国が世界に向ける静かな発信になり得るのではないかと考えるようになりました。その意味で、日本が国際的な役割を十分に果たしていく努力を重ねる一方で、国内においても、日本が平和でよい国柄の国であることができるよう、絶えず努力を続けていくことも、大切なことではないかと考えています。

天皇陛下　古希をお迎えになっての記者会見

（平成15年12月18日）

宮内記者会代表質問

問1　70歳と申しますと杜甫の詩に「人生七十古来希」と詠まれた年齢です。とはいえ現代ではむしろ多くの人が迎える年齢で、当時とは意味合いも違ってきているように思われます。一つの節目として70年を振り返り、陛下ご自身に喜びや悲しみをもたらした出来事についてお聞かせください。

天皇陛下　質問に正しくお答えするために、紙を準備してきましたので、それに添ってお話ししたいと思います。

70年には様々な喜びや悲しみの出来事がありました。その中で今日まで心を離れない喜びや悲しみについてお話ししたいと思います。

70年を振り返り、日本が、先の大戦による国民の多くの犠牲と国土の荒廃から立ち上がり、貧富の差の少ない平和な民主主義の国として発展し、国民が様々な面で豊かになっていることに深く喜びを感じております。多くの困難を乗り越え、今日の日本を築くために力を尽くした人々の努力に深く感謝しています。

しかし、この70年の間には多くの悲しい出来事がありました。最も悲しい出来事は先の大戦で３００万人以上の日本人の命が失われ、また日本人以外の多くの外国の人々の命が失われたことです。さらに、この戦争では戦後も原子爆弾による放射能やソヴィエト連邦への抑留などにより、多くの人々が犠牲となりました。

戦後の悲しい大きな出来事としては、古くは５０００人以上の人々が犠牲となった昭和34年の伊勢湾台風、近くは６０００人以上の人々が犠牲となった阪神・淡路大震災があります。また、阪神・淡路大震災の2年前には、奥尻島とその対岸を津波と地震が襲い、２００人以上の死者、行方不明者が生じました。誠に痛ましいものを感じました。日本は地殻のプレートの接点にあり、毎年のように台風に襲われることから、自然災害が起こりやすく、近年、犠牲者の数は少なくなりましたが、今でも1年間に１００人前後の人々の命が失われています。誠に悲しいことです。

私自身にとり、深い喜びをもたらしてくれたものは、皇后との結婚でした。どのようなときにも私の立場と務めを大切にし、優しく寄り添ってきてくれたことは心の安らぐことであり、感謝しています。二人の結婚生活ももう45年になりますが、その間に子供たちも成長し、私どもも公務を果たしつつ変わりなく日々を送れることをうれしく思っています。

問2　陛下は去年、前立腺がんの告知を受け、病状を国民の前に明らかにした上で手術を受けられました。告知を受けられたとき、国民に事実を公表する意思を固められた経緯、ご手術の前後、そして回復され公務に復帰されたときのそれぞれのお気持ちと、現在のお考えをお聞かせください。

天皇陛下　検査入院をする前からＰＳＡの値などで心配な状況と聞いていましたので、検査の結果前立腺にがんがあったという報告を聞き、すぐに手術のことを考えなければならないと思いました。

入院中は、手術を含め、北村教授始め関係者から手厚い医療と看護を受け、深く感謝しています。入院中皇后が毎日付き添ってくれ、紀宮もしばしば来てくれたことは、精神的にまた実際に入院生活の非常な支えと助けになりました。また入院中、多くの人々が皇居などを訪れ、記帳してくれましたが、心配してくれた気持ちがうれしく、記帳簿を見ることは大きな励ましになりました。

手術の結果は、かなりの程度確実にがんは取り切ることができたと思う、ということで、公務に復帰したころは、ＰＳＡの値も下降しており、回復のために明るい気持ちで散歩に励んでいました。しかし、その後にＰＳＡの値が微増してきました。今後のことは、皇室医務主管始め専門家の判断を仰ぐこととしています。

現在は公務も多く、忙しい日々を過ごしていて、病気のことを考えることはほとんどありません。**公務をしっかり果たしていくことが、病気に当たって心を寄せられた多くの人々にこたえる道であると思っています。**

国民への公表については、日程の変更や治療を国民の理解の下にすることが大切と考えているからです。

このような公表は、40年前、皇后が皇太子妃の時に胞状奇胎を患って、流産の手術を受けたときにもしています。胞状奇胎は悪性化する可能性もあるので、手術後2年間の観察期間中は懐妊は控えるようにと言われました。公表によって、再度の妊娠を危ぶむ声も出て、悲しみと不安の中で公務に励んでいた皇后にとり、秋篠宮を懐妊したことは、ひとしお喜ばしいことであったと思います。私も本当にこのときは心配しました。

問3　陛下のご公務を含めたご活動全般について、医師団だけでなく、ご入院中、献身的な介護をされた皇后さまや紀宮さまも負担を軽減することが望ましいと考えておられますが、「ご負担軽減」についての陛下のお考えをお聞かせください。

天皇陛下　二人とも私の健康を心配して、負担の軽減について考えてくれていますが、公務を減らすとは言っていません。**天皇の公務はある基準に基づき、公平に行われることが大切であるという私の考えを共有しているからです。**日程の組み方などに配慮するという必要はあると思いますが、公務を大きく変えることはないと思います。

問4　歴代天皇の中で初めて「象徴天皇」として即位されてから15年がたとうとしています。この間、日本は超高齢化や少子化、犯罪の低年齢化、厳しい経済情勢など社会的な変化に直面しています。さらに国内外で平和の揺らぎを感じさせる出来事が後を絶ちません。陛下は平成の15年間をどのようにとらえ、また今後どのようなことに心を留めて務めを果たされたいとお考えか、皇族方に果たして欲しいと望まれていることも併せて、お聞かせください。

天皇陛下　この15年間は瞬く間に過ぎたという感じを受けています。この間、質問にもあったように様々な問題が起こってきています。この中で高齢化の問題は極めて深刻な問題で、高齢化率は年々上昇しています。地方を旅していても都市を離れると高齢者が多くなるということに高齢化率の上昇を感じます。国民皆で高齢者をいかに支えていくかということが今後の重要な課題だと思います。近年、高齢者や障害者に対する関心が高まり、その人たちのために行政的配慮を始め、ボランティア活動が盛んになってきていることは、この意味で非常に心強いことと思います。阪神・淡路大震災やその2年前に起こった北海道南西沖地震の災害は非常に悲しいことでしたが、救援に赴いたボランティアの活動は誠に目覚ましいものがあり、被災地を訪問して深い感銘を受けました。皆が助け合ってこれらの厳しい状況を少しでも良い方向に向けていくことが大切と思います。

　現在の日本はこのように様々な面で厳しい面がありますが、それを昭和元年から15年までの期間と比べるとき、**平成の15年間は、自然災害には誠に厳しいものがありましたが、比較的平穏に過ぎた15年であったということをしみじみ感じます。この15年間を支えてきた人々に深い感謝の念を抱いています。**

昭和の15年間は誠に厳しい期間でした。日本はこの期間ほとんど断続的に中国と戦闘状態にありました。済南事件、張作霖爆殺事件、満州事変、上海事件、そして昭和12年から20年まで継続する戦争がありました。さらに昭和14年にはソビエト連邦軍との間にノモンハン事件が起こり、多くの犠牲者が出ました。国内では、五・一五事件や二・二六事件があり、また、五・一五事件により、短期間ではありましたが、大正年間から続いていた政党内閣も終わりを告げました。この15年間に首相、前首相、元首相、合わせて4人の命が奪われるという時代でした。その陰には、厳しい経済状況下での国民生活、冷害に苦しむ農村の姿がありました。そして戦死者の数も増えていきました。皇太子時代に第一次世界大戦のヴェルダンの戦場の跡を訪ねられ、平和の大切さを強く感じられた昭和天皇がどのような気持ちでこの時期を過ごしていらっしゃったのかと時々思うことがあります。私どもは皆でこのような過去の歴史を十分に理解し、世界の平和と人々の安寧のために努めていかなければならないと思います。

皇族はそれぞれの立場で良識を持って国や人々のために力を尽くしていくことが大切と思います。

関連質問

問　陛下は先月の鹿児島県ご訪問で即位後47都道府県一巡されたところですが、今度二巡目に入り、トップに沖縄県ご訪問が来月予定されています。陛下はご即位前から数えて既に7回沖縄県をご訪問されていますが、その中で様々な沖縄の人との出会いもあり、沖縄県に対するイメージも陛下の中で変化しているかと思いますが、この機会に改めて陛下の沖縄県に寄せられるお気持ちなどをお聞かせ願いたいと思います。

天皇陛下　今度の沖縄県の訪問は、国立劇場おきなわの開場記念公演を観ることと、それからまだ行ったことのない宮古島と石垣島を訪問するということが目的です。しかし、沖縄県と言いますと、私どものまず念頭にあるのは沖縄島そして伊江島で地上戦が行われ非常に多くの、特に県民が、犠牲になったということです。この度もそういうことでまず国立沖縄戦没者墓苑に参拝することにしています。この沖縄は、本当に飛行機で島に向かっていくと美しい珊瑚礁に巡らされ、いろいろな緑の美しい海がそれを囲んでいます。しかし、ここで58年前に非常に多くの血が流されたということを常に考えずにはいられません。沖縄が復帰したのは31年前になりますが、これも日本との平和条約が発効してから20年後のことです。その間、沖縄の人々は日本復帰ということを非常に願って様々な運動をしてきました。**このような沖縄の人々を迎えるに当たって日本人全体で沖縄の歴史や文化を学び、沖縄の人々への理解を深めていかなければならないと思っていたわけです。私自身もそのような気持ちで沖縄への理解を深めようと努めてきました。**私にとっては沖縄の歴史をひもとくということは島津氏の血を受けている者として心の痛むことでした。しかし、それであればこそ沖縄への理解を深め、沖縄の人々の気持ちが理解できるようにならなければならないと努めてきたつもりです。沖縄県の人々にそのような気持ちから少しでも力になればという思いを抱いてきました。そのような気持ちから沖縄国際海洋博覧会の名誉総裁を務めていた機会に、その跡地に「おもろそうし」という沖縄の16世紀から17世紀にかけて編集された歌謡集がありますが、そこに表れる植物を万葉植物園のように見せる植物園ができればというつもりで提案したことがあります。海洋博の跡地は潮風も強く、植物の栽培が非常に難しいと言っていましたが、おもろ植物園ができ、一昨年には秋篠宮妃が子供たちと訪れています。また、同様の気持ちから文化財が戦争でほとんど無くなった沖縄県に組踊ができるような劇場ができればと思って、そのようなことを何人かの人に話したことがあります。この劇場が、この度開場記念公演を迎えるということで本当に感慨深いものを感じています。沖縄は離島であり、島民の生活にも、殊に現在の経済状況は厳しいものがあると聞いていますが、これから先、復帰を願ったことが、沖縄の人々にとって良かったと思えるような県になっていくよう、日本人全体が心を尽くすことを、切に願っています。

皇后陛下　古希をお迎えになっての文書ご回答

（平成16年）

問1　70歳のお誕生日おめでとうございます。お生まれになってから、さらには天皇陛下と結婚されてからの45年余を振り返りつつ、喜びや悲しみ、印象に残った出来事などをお聞かせください。

皇后陛下　古希を迎え、両親に育てられ、守られていた頃が、はるかな日々のこととして思い出されます。

家を離れる日の朝、父は「陛下と東宮様のみ心にそって生きるように」と言い、母は黙って抱きしめてくれました。両親からは多くのことを学びました。

振り返りますと、子ども時代は本当によく戸外で遊び、少女時代というより少年時代に近い日々を過ごしました。小学生生活のほとんどが戦時下で、恐らく私どものクラスが「国民学校」の生徒として入学し卒業した、唯一の学年だったと思います。そのようなことから、還暦の時の回答にも記しましたように、私の中に、戦時と戦後、特に疎開を間にはさむ数年間が、とりわけ深い印象を残しており、その後、年を重ねるごとに、その時々の自分の年齢で、戦時下を過ごした人々はどんなであったろうと考えることが、よくあります。

結婚により私の生活は大きく変わりましたが、陛下がいつも寛いお心で私を受け容れてくださり、また、3人の子どもたちからも多くの喜びを与えられました。私は男の子も大好きでしたが、3人目に、小さな清子が来てくれた時のうれしさも、忘れることができません。この子どもたちを、昭和天皇、香淳皇后のお見守りくださる中で育てた日々のことは、今も私の大切な思い出です。

陛下のお側でさせていただいた様々な公務は、私にとり、決して容易なものばかりではありませんでしたが、今振り返り、その一つ一つが私にとり必要な経験であったことが分かります。陛下がお優しい中にも、時に厳しく導いてくださり、職員たちも様々な部署にあって、地味に、静かに、私を支え続けてくれました。まだ若かった日々に、社会の各分野で高い志を持って働く多くの年長の人たちの姿を目のあたりにし、その人々から直接間接に教えを受けることができたことも、幸運でした。**とりわけ、自らが深い悲しみや苦しみを経験し、むしろそのゆえに、弱く、悲しむ人々の傍らに終生よりそった何人かの人々を知る機会を持ったことは、私がその後の人生を生きる上の、指針の一つとなったと思います。**

平成2年に礼宮が、5年に皇太子が結婚し、二人の妃が私どもの家族に加わってくれました。これから先、長く皇室で生きていく二人が、私のしてきた事ばかりでなく、なし得なかったたくさんの事も、しっかりと見、補っていってほしいと願っています。

至らぬことが多ございましたが、これからもこれまでと変わらず、陛下のお側で人々の幸せを祈るとともに、幼い者も含め、身近な人々の無事を祈りつつ、国や社会の要請にこたえていきたいと思います。

問2　この間、昭和から平成へと時代は引き継がれ、その平成の世も16年になりました。常に天皇陛下をそばで支え、両陛下で皇室のあり方を自問しながら、その時々の時代の要請に応えてこられたと思います。皇太子妃、皇后として務める日々の心の内にあったものは、どんなことだったでしょうか。「次世代」の皇太子ご一家や秋篠宮ご一家、紀宮殿下への願いと併せ、お聞かせください。

皇后陛下　もう45年以前のことになりますが、私は今でも、昭和34年のご成婚の日のお馬車の列で、沿道の人々から受けた温かい祝福を、感謝とともに思い返すことがよくあります。**東宮妃として、あの日、民間から私を受け入れた皇室と、その長い歴史に、傷をつけてはならないという重い責任感とともに、あの同じ日に、私の新しい旅立ちを祝福して見送ってくださった大勢の方々の期待を無にし、私もそこに生を得た庶民の歴史に傷を残してはならないという思いもまた、その後の歳月、私の中に、常にあったと思います。**

陛下が東宮でいらした時は、昭和天皇をお助けし、昭和の時代を支えていくという、静かな、しかし強い陛下のご気迫を、常に身近に感じておりました。また、お若い頃より伝統を今に活かしつつ、時代の要請に応えていこうとなさる陛下のお気持ちは、いつか私のものともなって、このお気持ちをともにしつつ、皇室での日々を過ごしてきたように思います。

皇太子始め次世代の若い人たちへの願いは、という質問ですが、それぞれの生き方を見守りつつ、必要と思われる時に、その都度伝えていくつもりです。今はただ、皆ができるだけ人生を静かな目で見、穏やかに、すこやかに、歩いていってほしいという願いを伝えたいと思います。

問3　皇太子妃殿下は昨年末から長期の静養を続けられています。また今年5月の皇太子殿下のご発言をきっかけに、皇室をめぐってさまざまな報道や国民的議論がなされました。妃殿下のことや一連の経過、この間の宮内庁の対応などについて、どのように受け止められましたでしょうか。

皇后陛下　東宮妃の長期の静養については、妃自身が一番に辛く感じていることと思い、これからも大切に見守り続けていかなければと考えています。家族の中に苦しんでいる人があることは、家族全員の悲しみであり、私だけではなく、家族の皆が、東宮妃の回復を願い、助けになりたいと望んでいます。宮内庁の人々にも心労をかけました。庁内の人々、とりわけ東宮職の人々が、これからもどうか東宮妃の回復にむけ、力となってくれることを望んでいます。宮内庁にも様々な課題があり、常に努力が求められますが、昨今のように、ただひたすらに誹《そし》られるべき所では決してないと思っています。

ご結婚満50年に際しての記者会見

（平成21年4月8日）

宮内記者会代表質問

問1　両陛下にお尋ねいたします。ご成婚の日から50年の月日が流れ、高度成長期からバブル崩壊、いくつもの自然災害や景気悪化など、世相、人の価値観も大きく変わる中、両陛下も皇室に新しい風を吹き込まれてきました。皇太子同妃両殿下として、天皇皇后両陛下として夫婦二人三脚で歩んできたこの50年を振り返り、お二人で築きあげてきた時代にふさわしい新たな皇室のありよう、一方で守ってこられた皇室の伝統についてお聞かせいただくとともに、それを次世代にどう引き継いでいかれるのかもお聞かせください。

天皇陛下　私どもの結婚50年を迎える日も近づき、多くの人々からお祝いの気持ちを示されていることを誠にうれしく、深く感謝しています。ただ国民生活に大きく影響を与えている厳しい経済情勢のさなかのことであり、祝っていただくことを心苦しくも感じています。

顧みますと、私どもの結婚したころは、日本が、多大な戦禍を受け、310万人の命が失われた先の戦争から、日本国憲法の下、自由と平和を大切にする国として立ち上がり、国際連合に加盟し、産業を発展させて、国民生活が向上し始めた時期でありました。その後の日本は、更なる産業の発展に伴って豊かになりましたが、一方、公害が深刻化し、人々の健康に重大な影響を与えるようになりました。また都市化や海、川の汚染により、古くから人々に親しまれてきた自然は、人々の生活から離れた存在となりました。結婚後に起こったことで、日本にとって極めて重要な出来事としては、昭和43年の小笠原村の復帰と昭和47年の沖縄県の復帰が挙げられます。両地域とも先の厳しい戦争で日米双方で多数の人々が亡くなり、特に沖縄県では多数の島民が戦争に巻き込まれて亡くなりました。返す返すも残念なことでした。一方、国外では平成になってからですが、ソビエト連邦が崩壊し、より透明な平和な世界ができるとの期待が持たれましたが、その後、紛争が世界の各地に起こり、現在もなお多くの犠牲者が生じています。今日、日本では人々の努力によって、都市などの環境は著しく改善し、また自然環境もコウノトリやトキを放鳥することができるほど改善されてきましたが、各地で高齢化が進み、厳しい状況になっています。ますます人々が協力し合って社会を支えていくことが重要になってきています。私どもはこのように変化してきた日本の姿と共に過ごしてきました。様々なことが起こった50年であったことを改めて感じます。

皇后は結婚以来、常に私の立場と務めを重んじ、また私生活においては、昭和天皇を始め、私の家族を大切にしつつ私に寄り添ってきてくれたことをうれしく思っています。不幸にも若くして未亡人となった私の姉の鷹司神宮祭主のことはいつも心に掛け、那須、軽井沢、浜名湖でよく夏を一緒に過ごしました。姉は自分の気持ちを外に表さない性格でしたが、あるとき、昭和天皇から私どもと大変楽しく過ごしたと聞いたがどのように過ごしたのかというお話があったことがありました。皇后は兄弟の中で姉だけを持たず、私との結婚で姉ができたことがうれしく、誘ってくれていたようなのですが、このときの昭和天皇が大変喜ばれた様子が今でも思い出されます。**私ども二人は育った環境も違い、**

特に私は家庭生活をしてこなかったので、皇后の立場を十分に思いやることができず、加えて大勢の職員と共にする生活には戸惑うことも多かったと思います。しかし、何事も静かに受け入れ、私が皇太子として、また天皇として務めを果たしていく上に、大きな支えとなってくれました。

時代にふさわしい新たな皇室のありようについての質問ですが、私は即位以来、昭和天皇を始め、過去の天皇の歩んできた道に度々に思いを致し、また、日本国憲法にある「天皇は、日本国の象徴であり日本国民統合の象徴」であるという規定に心を致しつつ、国民の期待にこたえられるよう願ってきました。象徴とはどうあるべきかということはいつも私の念頭を離れず、その望ましい在り方を求めて今日に至っています。なお大日本帝国憲法下の天皇の在り方と日本国憲法下の天皇の在り方を比べれば、日本国憲法下の天皇の在り方の方が天皇の長い歴史で見た場合、伝統的な天皇の在り方に沿うものと思います。

守ってきた皇室の伝統についての質問ですが、私は昭和天皇から伝わってきたものはほとんど受け継ぎ、これを守ってきました。この中には新嘗祭のように古くから伝えられてきた伝統的祭祀もありますが、田植えのように昭和天皇から始められた行事もあります。新嘗祭のように古い伝統のあるものはそのままの形を残していくことが大切と考えますが、田植えのように新しく始められた行事は、形よりはそれを行う意義を重視していくことが望ましいと考えます。したがって現在私は田植え、稲刈りに加え、前年に収穫した種籾を播くことから始めています。学士院賞や芸術院賞受賞者などを招いての茶会なども皇后と共に関係者と話し合い、招かれた全員と話ができるように形式を変えました。短時間ではありますが、受賞者、新会員皆と話をする機会が持て、私どもにとってても楽しいものになりました。

皇室の伝統をどう引き継いでいくかという質問ですが、先ほど天皇の在り方としてその望ましい在り方を常に求めていくという話をしましたが、次世代にとってもその心持ちを持つことが大切であり、個々の行事をどうするかということは次世代の考えに譲りたいと考えます。

皇后陛下　50年前、普通の家庭から皇室という新しい環境に入りましたとき、不安と心細さで心が一杯でございました。今日こうして陛下のおそばで、金婚の日を迎えられることを、本当に夢のように思います。

結婚以来、今日まで、陛下はいつもご自分の立場を深く自覚なさり、東宮でいらしたころには将来の象徴として、後に天皇におなりになってからは、日本

国、そして国民統合の象徴として、ご自分のあるべき姿を求めて歩んでこられました。こうしたご努力の中で、陛下は国や人々に寄せる気持ちを時と共に深められ、国の出来事や人々の喜び悲しみにお心を添わせていらしたように思います。

50年の道のりは、長く、時に険しくございましたが、陛下が日々真摯《しんし》にとるべき道を求め、指し示してくださいましたので、今日までご一緒に歩いてくることができました。陛下のお時代を、共に生きることができたことを、心からうれしく思うとともに、これまで私の成長を助け、見守り、励ましてくださった大勢の方たちに感謝を申し上げます。

質問の中にある「皇室」と「伝統」、そして「次世代への引き継ぎ」ということですが、陛下はご即位に当たり、これまでの皇室の伝統的行事及び祭祀とも、昭和天皇の御代のものをほぼ全部お引き継ぎになりました。また、皇室が過去の伝統と共に、「現代」を生きることの大切さを深く思われ、日本各地に住む人々の生活に心を寄せ、人々と共に「今」という時代に丁寧にかかわりつつ、一つの時代を築いてこられたように思います。

伝統と共に生きるということは、時に大変なことでもありますが、伝統があるために、国や社会や家が、どれだけ力強く、豊かになれているかということに気付かされることがあります。一方で型のみで残った伝統が、社会の進展を阻んだり、伝統という名の下で、古い慣習が人々を苦しめていることもあり、この言葉が安易に使われることは好ましく思いません。

また、伝統には表に現れる型と、内に秘められた心の部分とがあり、その二つが共に継承されていることも、片方だけで伝わってきていることもあると思います。WBCで活躍した日本の選手たちは、鎧《よろい》も着ず、切腹したり、ゴザルとか言ってはおられなかったけれど、どの選手も、やはりどこか「さむらい」的で、美しい強さをもって戦っておりました。

陛下のおっしゃるように、伝統の問題は引き継ぐとともに、次世代にゆだねていくものでしょう。私どもの時代の次、またその次の人たちが、それぞれの立場から皇室の伝統にとどまらず、伝統と社会との問題に対し、思いを深めていってくれるよう願っています。

問2　両陛下にお尋ねします。お二人が知り合われてからこれまでにさまざまなお言葉のやり取りがあったと思います。いろいろなエピソードが伝わっておりますが、陛下はどのようなお言葉でプロポーズをされ、皇后さまは陛下にどのようなお言葉を伝えてご結婚を決意されましたか。銀婚式を前にした会見では、陛下は皇后さまに「努力賞」を、皇后さまは陛下に「感謝状」をそれぞれ差し上げられたいと述べられましたが、あらためて今、お互いにお言葉を贈られるとすれば、どのようなお言葉になりますか。ご夫婦としてうれしく思われたこと、ご苦労されたこと、悲しまれたこと、印象に残った出来事、結婚されてよかったと思われた瞬間のこと、ご夫婦円満のため心掛けられたことなど、お伺いしたいことは多々ございますが、お二人の50年間の歩みの中で、お心に残ったことについて、とっておきのエピソードを交えながらお聞かせ下さい。

天皇陛下　私のプロポーズの言葉は何かということですが、当時何回も電話で話し合いをし、ようやく承諾をしてくれたことを覚えています。プロポーズの言葉として一言で言えるようなものではなかったと思います。何回も電話で話し合いをし、私が皇太子としての務めを果たしていく上で、その務めを理解し、支えてくれる人がどうしても必要であることを話しました。承諾してくれたときは本当にうれしかったことを思い出します。

結婚50年に当たって贈るとすれば感謝状です。皇后はこの度も「努力賞がい

い」としきりに言うのですが、これは今日まで続けてきた努力を嘉《よみ》しての感謝状です。本当に50年間よく努力を続けてくれました。その間にはたくさんの悲しいことや辛いことがあったと思いますが、よく耐えてくれたと思います。

夫婦としてうれしく思ったことについての質問ですが、やはり第一に二人が健康に結婚50年を迎えたことだと思います。二人のそれぞれの在り方についての話合いも含め、何でも二人で話し合えたことは幸せなことだったと思います。皇后はまじめなのですが、面白く楽しい面を持っており、私どもの生活に、いつも笑いがあったことを思い出します。また、皇后が木や花が好きなことから、早朝に一緒に皇居の中を散歩するのも楽しいものです。私は木は好きでしたが、結婚後、花に関心を持つようになりました。

語らひを重ねゆきつつ気がつきぬ
　われのこころに開きたる窓

婚約内定後に詠んだ歌ですが、結婚によって開かれた窓から私は多くのものを吸収し、今日の自分を作っていったことを感じます。結婚50年を本当に感謝の気持ちで迎えます。

終わりに私ども二人を50年間にわたって支えてくれた人々に深く感謝の意を表します。

皇后陛下　たくさんの質問があって、全部はお答えできないかもしれません。とりわけ婚約のころのことは、50年を越す「昔むかし」のお話でプロポーズがどのようなお言葉であったか正確に思い出すことができません。また銀婚式を前にしてお尋ねのあった同じ質問に対してですが、**この度も私はやはり感謝状を、何かこれだけでは足りないような気持ちがいたしますが、心を込めて感謝状をお贈り申し上げます。**

次の「夫婦としてうれしく思ったこと」。このようなお答えでよろしいのか、嫁いで1、2年のころ、散策にお誘いいただきました。赤坂のお庭はくもの巣が多く、陛下は道々くもの巣を払うための、確か寒竹だったか、葉のついた細い竹を2本切っておいでになると、その2本を並べてお比べになり、一方の丈を少し短く切って、渡してくださいました。ご自分のよりも軽く、少しでも持ちやすいようにと思ってくださったのでしょう。今でもそのときのことを思い出すと、胸が温かくなります。

昭和天皇の崩御後、陛下はご多忙な日々の中、皇太后さまをお気遣いになり、様々に配慮なさるとともに、昭和天皇が未完のままお残しになったそれまでのご研究の続きを、どのような形で完成し、出版できるか、また昭和天皇の残されたたくさんの生物の標本を、どうすれば散り散りに分散させず、大切にお預かりする施設に譲渡できるかなど、細やかにお心配りをなさいました。こうしたご配慮の下、平成元年の末には「皇居の植物」が、平成7年には「相模湾産ヒドロ虫類」の続刊が刊行され、また平成5年には昭和天皇ご使用の顕微鏡やたくさんの標本類が国立科学博物館に、平成7年には、鳥類の標本が山階鳥類研究所に、それぞれ無事に納められました。「印象に残った出来事は」という質問を受け、このときの記憶がよみがえりました。

「結婚してよかったと思った瞬間は」という難しいお尋ねですが、もうエピソードはこれで終わりにさせていただいて、本当に小さな思い出を一つお話しいたします。春、辛夷《こぶし》の花がとりたくて、木の下でどの枝にしようかと迷っておりましたときに、陛下が一枝を目の高さまで降ろしてくださって、そこに欲しいと思っていたとおりの美しい花がついておりました。うれしくて、後に歌にも詠みました。歌集の昭和48年のところに入っていますが、でも、このようにお話をしてしまいましたが、それまで一度も結婚してよかったと思わなかったということではありません。

この50年間、陛下はいつも皇太子、また天皇としての、お立場を自覚なさりつつ、私ども家族にも深い愛情を注いでくださいました。陛下が誠実で謙虚な方でいらっしゃり、また常に寛容でいらしたことが、私がおそばで50年を過ごしてこられた何よりの支えであったと思います。

関連質問

問　両陛下は4月10日、今年結婚50年を迎えられるご夫婦をお招きになって茶会を開かれます。これは両陛下のご発案と聞いておりますけど、どのようなお気持ちでこの茶会を開かれたいと思われたのか、そこら辺のことをお聞かせいただけないでしょうか。

天皇陛下　この１００組の結婚50年を迎える人々を呼ぶということには、二人の意思とともに、宮内庁長官を始め関係者のいろいろな尽力があったと思います。ちょうど私どもが結婚してからの50年は、先ほどもお話ししましたように、様々な出来事の多いときだったと思います。結婚したころは必ずしも豊かでありませんでしたが、皆、希望に満ちて未来に向かって進んでいったのでないかと思います。そして、その前の時代に、戦争があり、その戦争の厳しい環境の中で、青少年時代を送ったことだと思います。このようにこの結婚50年の人々は様々な、そして共通した経験をして今日に至っていると思います。この度結婚50年に当たって、結婚50年を迎えられる人々をお招きしてこの茶会を催し、それぞれの皆さんがたどってきた道を話し合うということは、私どもにとっても意義深いことだと思いますし、またお互いに話し合って楽しいひとときになるのではないかと期待しています。

皇后陛下　今、陛下がすべてを話してくださいました。私も当日を楽しみにしております。

ご即位二十年に際しての記者会見

（平成21年11月6日）

宮内記者会代表質問

問1　両陛下にお伺いします。この20年間、天皇陛下は「象徴」としてどうあるべきかを考え、模索しながら実践してこられた日々だったと思います。日本国憲法では「天皇は、日本国の象徴であり日本国民統合の象徴」と明記していますが、その在り方を具体的には示していません。陛下はご結婚50年の記者会見で「象徴とはどうあるべきかということはいつも私の念頭を離れず、その望ましい在り方を求めて今日に至っています」と述べられました。平成の時代に作り上げてこられた「象徴」とは、どのようなものでしょうか。戦後64年がたち、4人に3人が戦後生まれとなって戦争の記憶が遠ざかる一方で、天皇陛下が即位されてからも国内外の環境は激変しています。天皇陛下は「象徴天皇」という立場から、皇后さまは天皇陛下をお支えするという立場から、これまでの平成の時代を振り返っての気持ち、お考えをお聞かせください。

天皇陛下　日本国憲法では、「天皇は、日本国の象徴であり日本国民統合の象徴」

せん。

と規定されています。私は、この20年、長い天皇の歴史に思いを致し、国民の上を思い、象徴として望ましい天皇の在り方を求めつつ、今日まで過ごしてきました。質問にあるような平成の象徴像というものを特に考えたことはありません。

平成の20年間を振り返ってまず頭に浮かぶのは、平成元年、1989年のベルリンの壁の崩壊に始まる世界の動きです。その後の2年間に東西に分かれていたドイツは統一され、ソビエト連邦からロシアを含む15か国が独立しました。そしてそれまで外からはうかがい知ることの難しかったソビエト連邦、及びそれに連なる国々の実情や過去の歴史的事実が、世界に知られるようになりました。このような世界の動きを、深い感動を持って見守ったことが思い起こされます。ベルリンの壁の崩壊から4年後、私どもはドイツを訪問し、ヴァイツゼッカー大統領ご夫妻、ベルリン市長ご夫妻と共に徒歩でブランデンブルグ門を通りました。西ベルリンから東ベルリンに入ると、ベートーベンの「歓喜の歌」の合唱が聞こえてきました。私どもの忘れ得ぬ思い出です。

しかし、その後の世界の動きは、残念ながら平和を推進する方向には進んでいきませんでした。平成13年、2001年世界貿易センタービルなどが旅客機の突入により破壊され、３０００人以上の命が失われました。それを契機として、アフガニスタン、続いてイラクで戦争が起こり、今も両国とパキスタンでは多くの命が失われています。

　このように今日の世界は、決して平和な状況にあるとは言えませんが、明るい面として考えられるのは、世界がより透明化し、多くの人々が事実関係を共有することができるようになったことです。拉致《らち》の問題も、それが行われた当時は今と違って、日本人皆が拉致《らち》の行われたことを事実として認識することはありませんでした。このため、拉致《らち》が続けられ、多くの被害者が生じたことは返す返すも残念なことでした。それぞれの人の家族の苦しみは、いかばかりであったかと思います。また、チェルノブイリ原子力発電所の事故のような、人々の健康や環境に大きな影響を与える事故であっても、当時のソビエト連邦では発表されず、事故についての最初の報道はスウェーデンの研究所からもたらされました。ソビエト連邦が発表したのはそれより後のことで、事故のあった地域の人々の健康に与えた被害は、一層大きくなったことと思います。

　国内のことでまず思い起こされるのは、６４００人以上の人々が亡くなった阪神・淡路大震災です。地震による家屋の崩壊とともに火災が起こり、誠に痛ましい状況でした。ただ淡路島では、火災がすべて未然に防がれ、また、地域の人々による迅速な救出活動により、多くの人の命が助けられたと聞きました。この地震は、その後に大きな教訓を残しました。建築の耐震化が進められ、人々の間に、災害に対する協力の輪が広がりました。後に他の被災地を訪れた時、自分たちの災害に支援の手を差し伸べてもらったので、お礼の気持ちでこの被災地の支援に来たという人々に会うことがあり、頼もしく思いました。

苦労の多い中で、農業、林業、水産業などに携わる人々が様々に工夫を凝らし、その分野を守り続けてきている努力を尊いものに思っており、毎年農林水産祭天皇杯受賞者にお会いするのを楽しみにしています。

今日、日本では高齢化が進み、厳しい経済情勢とあいまって、人々の暮らしが深く案じられます。そのような中で、高齢者や介護を必要とする人々のことを心に掛け、支えていこうという人々が多くなってきているように感じられ、心強く思っています。皆が支え合う社会が築かれていくことを願っています。

平成が20年となり、多くの人々がお祝いの気持ちを表してくれることをうれしく思い、感謝しています。

この機会に、我が国の安寧を願い、国民の健康と幸せを祈ります。

皇后陛下　少し風邪をひいてしまって、聞きづらいようでしたら言い直しますので、おっしゃってください。戦後新憲法により、天皇のご存在が「象徴」という、私にとっては不思議な言葉で示された昭和22年、私はまだ中学に入ったばかりで、これを理解することは難しく、何となく意味の深そうなその言葉を、ただそのままに受け止めておりました。

御所に上がって50年がたちますが、「象徴」の意味は、今も言葉には表し難く、ただ、陛下が「国の象徴」また「国民統合の象徴」としての在り方を絶えず模索され、そのことをお考えになりつつ、それにふさわしくあろうと努めておられたお姿の中に、常にそれを感じてきたとのみ、答えさせていただきます。

20年の回想ですが、平成の時代は、先に陛下もご指摘のように、ベルリンの壁の崩壊とほぼ時を同じゅうして始まりました。ソ連邦が解体し、ユーゴスラビアもそれぞれの共和国に分かれ、たくさんの新しい国が誕生しました。新しい国から大使をお迎えするとき、よく地図でその国の場所を確かめました。冷戦の終結に続く平和の到来を予想していましたが、その後少なからぬ地域で紛争が起こり、テロ行為も増し、昨今も各地で人命が失われています。地球温暖化、世界的金融危機、様々な新しい感染症の脅威など、世界的な規模で取り組まねばならぬ問題も多く、様々な意味で世界をより身近に感じるようになった20年間でした。

国内においては、阪神・淡路大震災を始めとし、大規模な自然災害が多く、被災した人々の悲しみは想像を絶するものであったと思います。災害の予知能力が高められ、予防の対策が進み、災害への備えが常にあることを切に願っています。高齢化・少子化・医師不足も近年大きな問題として取り上げられており、いずれも深く案じられますが、高齢化が常に「問題」としてのみ取り扱われることは少し残念に思います。本来日本では還暦、古希など、その年ごとにこれを祝い、また、近年では減塩運動や検診が奨励され、長寿社会の実現を目指していたはずでした。高齢化社会への対応は様々に検討され、きめ細かになされていくことを願いますが、同時に90歳、１００歳と生きていらした方々を皆して寿《ことほ》ぐ気持ちも失いたくないと思います。

身内での一番大きな出来事は、平成12年の皇太后さまの崩御でした。お隠れの夜は月が明るく、今はご両親陛下をお二方共にお亡くしになった陛下のお後《あと》を、吹上から御所へと歩いて帰った時のことが悲しみとともに思い出されます。

平成20年の区切りの年に当たり、陛下と共に国の安寧と人々の幸せを心から祈念いたします。

問2　両陛下にお伺いします。両陛下はこの20年、常に国民と皇室の将来を案じてこられたと思いますが、皇室についてはこの先、皇族方の数が非常に少なくなり、皇位の安定的継承が難しくなる可能性があるのが現状です。昨年末の天皇陛下のご不例の際、羽毛田信吾宮内庁長官はご心痛の原因の一つとして「私的な所見」と断った上で「皇統を始めとする諸々の問題」と発言し、皇室の将来を憂慮される天皇陛下の一面を明らかにしました。両陛下は皇室の現状、将来をどのようにお考えでしょうか。皇太子ご夫妻、秋篠宮ご夫妻を始めとする次世代の方々に期待することとも交えながらお聞かせください。

天皇陛下　皇位の継承という点で、皇室の現状については、質問のとおりだと思います。皇位継承の制度にかかわることについては、国会の論議にゆだねるべきであると思いますが、将来の皇室の在り方については、皇太子とそれを支える秋篠宮の考えが尊重されることが重要と思います。二人は長年私と共に過ごしており、私を支えてくれました。天皇の在り方についても十分考えを深めてきていることと期待しています。

皇后陛下　皇位の安定継承という点に関しては、私も現状は質問のとおりだと思います。それについて陛下のお答えに私として付け加えるものは、何もありません。

幸せなことに、東宮も秋篠宮も孫として昭和天皇のおそばで過ごす機会を度々に頂き、また成人となってからは、陛下をお助けする中でそのお考えに触れ、日々のお過ごしようをつぶさに拝見し、それぞれの立場への自覚を深めてきたことと思います。これからも二人がお互いを尊重しつつ、補い合って道を歩み、家族も心を合わせてそれを支えていってくれることを信じ、皇室の将来を、これからの世代の人々の手にゆだねたいと思います。

在日外国報道協会代表質問

問3　両陛下にお伺いしたいと思います。陛下が即位なさったのは、いわゆるバブル経済のただ中でありましたが、この20年は日本にとって大変厳しい時となりました。ご存じのように高齢化が進み、人口が減少し始め、経済は不安定です。両陛下は、日本の将来に何かご心配をお持ちでしょうか。お考えをお聞かせください。

天皇陛下　今、日本では高齢化が進み、経済が厳しい状況になっています。しかし、日本国民が過去に様々な困難を乗り越えて今日を築いてきたことを思い起こす時、人々が皆で英知を結集し、相携えて協力を進めることにより、日本が現在直面している困難も一つ一つ克服されることを願っております。

私がむしろ心配なのは、次第に過去の歴史が忘れられていくのではないかということです。昭和の時代は、非常に厳しい状況の下で始まりました。昭和3年、1928年昭和天皇の即位の礼が行われる前に起こったのが、張作霖爆殺事件でしたし、3年後には満州事変が起こり、先の大戦に至るまでの道のりが始まりました。第1次世界大戦のベルダンの古戦場を訪れ、戦場の悲惨な光景に接して平和の大切さを肝に銘じられた昭和天皇にとって誠に不本意な歴史であったのではないかと察しております。昭和の60有余年は私どもに様々な教訓を与えてくれます。過去の歴史的事実を十分に知って未来に備えることが大切と思います。

平成も20年がたち、平成生まれの人々がスポーツや碁の世界などで活躍するようになりました。うれしいことです。**いつの時代にも、心配や不安はありま**

すが、若い人々の息吹をうれしく感じつつ、これからの日本を見守っていきたいと思います。

皇后陛下　今、質問の中で指摘されているような問題で、日本の将来を全く心配していないということではありませんが、私はむしろ今既に世界的に蔓延する徴候を見せており、特に若年層に重い症状の出る新型インフルエンザのこと、また、今後日本に起こり得る大規模な自然災害のことが心配で、どうか大事《だいじ》なく、人々の暮らしの平穏が保たれていくよう願っています。

国の進む道で、避け得る災難は、人々の想像の力と英知で出来得る限りこれを防がねばなりませんが、不測の事も起こり得ないことではなく、これからの日本の前途にも、様々な大小の起伏があることと思います。

振り返ると、私がこれまで生きてきた年月の間にも、先の大戦があり、長い戦後と、人々の並々ならぬ努力によって成し遂げられた戦後の復興がありました。多くの苦しみ喜びを、人々は共に味わい、戦後60年の歴史をたどってきたと思います。

近年日本の社会にも様々な変化が起こり、家族が崩壊したり、人々が孤立していく傾向が見られますが、一方、社会が個人を支えていこうとする努力や、地域が高齢者や子どもたちを守っていこうとする努力も其処《そこ》ここで見られ、また、民間の各種の支援運動も増えて、人と人、家族、社会と個人など、人間関係の在り方が、今一度真剣に考え出されているように思われます。

この十数年の経験で、陛下もお触れになりましたが、これまでに訪れた被災地の各所で、かつて自身も被災者だったという人々によく出会いました。苦しかったときに人々から受けたご恩を、今度は自分が、新たに被災した地域でお返ししたかった、とだれもが話していました。

被災地で目にした、こうした連帯意識にあふれた行動は、同じく私どもがどの被災地でも必ず感じる、逆境における人々の立派さ—自制、忍耐、他への思いやり、健気《けなげ》さ—などとともに、自らも状況に心を痛めておられる陛下に、どれだけの希望と勇気をお与えしたか計り知れません。

心配を持ちつつも、陛下と共にこの国の人々の資質を信じ、これからも人々と共に歩んでいきたいと思います。

関連質問

問　天皇陛下におかれましては、昨年ご体調を崩されて一時公務を休まれました。皇后陛下におかれましても、ひざを怪我《けが》をされて万全な状態ではないとお伺いしております。両陛下のご負担軽減が進められている中で、ご自身の健康と公務の在り方についてどのようにお考えになっていますでしょうか。お聞かせください。

天皇陛下　皆が私どもの健康を心配してくれていることに、まず感謝したいと思います。この負担の軽減ということは、今年1年その方向で行われまして、やはり負担の軽減という意味はあったのではないかと思っています。しかし、この状況は、今の状況ならば、そのまま続けていきたいと思っております。また、皇后の方も足の方が昔のように、だんだんと良くなってきているようですので、非常にうれしく思っています。ただ、まだ座るということができないので、まだしばらくは座ること、例えば賢所など座らなければならないところのお参りは、これはまだしばらく無理ではないかと思っています。

皇后陛下　健康を案じていただいてありがとうございます。自分の不注意で転んでしまい心配をお掛けいたしました。陛下が仰せくださったようにだんだんと快方に向かっておりますし、もう少し早く治ってほしいと思うこともありますが、野球の松井さんに見習って私も忍耐強く治したいと思います。御公務については、陛下が仰せくださいましたので、それで私の申し上げることも特にはございません。

天皇陛下　傘寿をお迎えになっての記者会見

（平成25年12月18日）

宮内記者会代表質問

問1　陛下は傘寿を迎えられ、平成の時代になってまもなく四半世紀が刻まれます。昭和の時代から平成のいままでを顧みると、戦争とその後の復興、多くの災害や厳しい経済情勢などがあり、陛下ご自身の2度の大きな手術もありました。80年の道のりを振り返って特に印象に残っている出来事や、傘寿を迎えられたご感想、そしてこれからの人生をどのように歩もうとされているのかお聞かせ下さい。

天皇陛下　80年の道のりを振り返って、特に印象に残っている出来事という質問ですが、やはり最も印象に残っているのは先の戦争のことです。私が学齢に達した時には中国との戦争が始まっており、その翌年の12月8日から、中国のほかに新たに米国、英国、オランダとの戦争が始まりました。終戦を迎えたのは小学校の最後の年でした。この戦争による日本人の犠牲者は約３１０万人と言われています。前途に様々な夢を持って生きていた多くの人々が、若くして命を失ったことを思うと、本当に痛ましい限りです。

戦後、連合国軍の占領下にあった日本は、平和と民主主義を、守るべき大切なものとして、日本国憲法を作り、様々な改革を行って、今日の日本を築きました。**戦争で荒廃した国土を立て直し、かつ、改善していくために当時の我が国の人々の払った努力に対し、深い感謝の気持ちを抱いています。**また、当時の知日派の米国人の協力も忘れてはならないことと思います。戦後60年を超す歳月を経、今日、日本には東日本大震災のような大きな災害に対しても、人と人との絆《きずな》を大切にし、冷静に事に対処し、復興に向かって尽力する人々が育っていることを、本当に心強く思っています。

傘寿を迎える私が、これまでに日本を支え、今も各地で様々に我が国の向上、発展に尽くしている人々に日々感謝の気持ちを持って過ごせることを幸せなことと思っています。既に80年の人生を歩み、これからの歩みという問いにやや戸惑っていますが、年齢による制約を受け入れつつ、できる限り役割を果たしていきたいと思っています。

80年にわたる私の人生には、昭和天皇を始めとし、多くの人々とのつながりや出会いがあり、直接間接に、様々な教えを受けました。宮内庁、皇宮警察という組織の世話にもなり、大勢の誠意ある人々がこれまで支えてくれたことに感謝しています。

天皇という立場にあることは、孤独とも思えるものですが、私は結婚により、私が大切にしたいと思うものを共に大切に思ってくれる伴侶を得ました。皇后が常に私の立場を尊重しつつ寄り添ってくれたことに安らぎを覚え、これまで天皇の役割を果たそうと努力できたことを幸せだったと思っています。

これからも日々国民の幸せを祈りつつ、努めていきたいと思います。

問2　両陛下が長年続けられてきた「こどもの日」と「敬老の日」にちなむ施設訪問について、来年を最後に若い世代に譲られると宮内庁から発表がありました。こうした公務の引き継ぎは、天皇陛下と皇太子さまや秋篠宮さまとの定期的な話し合いも踏まえて検討されていることと思います。現在のご体調と、こうした公務の引き継ぎについてどのようにお考えかお聞かせ下さい。

天皇陛下　「こどもの日」と「敬老の日」にちなんで、平成4年から毎年、子どもや老人の施設を訪問してきましたが、再来年からこの施設訪問を若い世代に譲ることにしました。始めた当時は2人とも50代でしたが、再来年になると、皇后も私も80代になります。子どもとは余りに年齢差ができてしまいましたし、老人とはほぼ同年配になります。再来年になると皇太子は50代半ばになり、私どもがこの施設訪問を始めた年代に近くなります。したがって再来年からは若い世代に譲ることが望ましいと考えたわけです。この引継ぎは体調とは関係ありません。

負担の軽減に関する引継ぎについては、昨年の記者会見でお話ししたように、今のところしばらくはこのままでいきたいと思っています。

問3　今年は五輪招致活動をめぐる動きなど皇室の活動と政治との関わりについての論議が多く見られましたが、陛下は皇室の立場と活動について、どのようにお考えかお聞かせ下さい。

天皇陛下　日本国憲法には「天皇は、この憲法の定める国事に関する行為のみを行ひ、国政に関する権能を有しない。」と規定されています。この条項を遵守することを念頭において、私は天皇としての活動を律しています。

しかし、質問にあった五輪招致活動のように、主旨がはっきりうたってあればともかく、問題によっては、国政に関与するのかどうか、判断の難しい場合もあります。そのような場合はできる限り客観的に、また法律的に、考えられる立場にある宮内庁長官や参与の意見を聴くことにしています。今度の場合、参与も宮内庁長官始め関係者も、この問題が国政に関与するかどうか一生懸命考えてくれました。今後とも憲法を遵守する立場に立って、事に当たっていくつもりです。

関連質問

問　質問させていただきます。先日、陛下は皇后さまとインドを訪問され、日印の友好親善を更に深められました。53年ぶりとなったインド公式訪問の御感想をお聞かせ願うとともに、国際友好親善に際して陛下が心掛けていらっしゃることについても併せてお聞かせ下さい。

天皇陛下　この度のインドの訪問は、インドとの国交60周年という節目の年に当たっておりましてインドを訪問したわけです。

インドを初めて訪問しましたのは当時のプラサド大統領が日本を国賓として訪問されたことに対する答訪として、昭和天皇の名代として訪問したわけです。当時は、まだ国事行為の臨時代行に関する法律のない時代でしたから、私が天皇の名代として行くことになったわけです。

当時のことを思い起こしますと、まだインドが独立して間もない頃、プラサド大統領は初代の大統領でしたし、これからの国造りに励んでいるところだったと思います。ラダクリシュナン副大統領は後に大統領になられました。それからネルー首相と、世界的に思想家としても知られた人たちでしたし、その時のインドの訪問は振り返っても意義あるものだったと思います。

そして、私にはそれまでヨーロッパと中国の歴史などは割合に本を読んだりしていましたが、その間に横たわる地域の歴史というものは本も少なく、余り知られないことが多かったわけです。この訪問によって両地域の中間に当たる国々の歴史を知る機会に恵まれたと思います。

今度のインドの訪問は、前の訪問の経験がありますので、ある程度、インドに対しては知識を持っていましたが、一方で、日本への関心など非常に関心や交流が深くなっているということを感じました。
ネルー大学での日本語のディスカッションなど日本語だけで非常に立派なディスカッションだったように思います。また、公園で会ったインドの少年が、地域の環境問題を一生懸命に考えている姿も心に残るものでした。
そういう面で、これからインドとの交流、また、インドそのものの発展というものに大きな期待が持たれるのではないかという感じを受けた旅でした。

皇后陛下　傘寿をお迎えになっての文書ご回答

（平成26年）

問1　このたび傘寿を迎えられたご感想とともに、これまでの80年の歳月を振り返られてのお気持ちをお聞かせください。

皇后陛下　ものごころ付いてから、戦況が悪化する10歳頃までは、毎日をただただ日向で遊んでいたような記憶のみ強く、とりわけ兄や年上のいとこ達のあとについて行った夏の海辺のことや、その人達が雑木林で夢中になっていた昆虫採集を倦きることなく眺めていたことなど、よく思い出します。また一人でいた時も、ぼんやりと見ていた庭の棕櫚《しゅろ》の木から急にとび立った玉虫の鮮やかな色に驚いたり、ある日洗濯場に迷い込んできたオオミズアオの美しさに息をのんだことなど、その頃私に強い印象を残したものは、何かしら自然界の生き物につながるものが多かったように思います。

その後に来た疎開先での日々は、それまでの閑《のど》かな暮らしからは想像も出来なかったものでしたが、この時期、都会から急に移って来た子どもたちを受け入れ、保護して下さった地方の先生方のご苦労もどんなに大きなものであったかと思います。

戦後の日本は、小学生の子どもにもさまざまな姿を見せ、少なからぬ感情の試練を受けました。終戦後もしばらく田舎にとどまり、6年生の3学期に東京に戻りましたが、疎開中と戦後の3年近くの間に5度の転校を経験し、その都度進度の違う教科についていくことがなかなか難しく、そうしたことから、私は何か自分が基礎になる学力を欠いているような不安をその後も長く持ち続けて来ました。ずっと後になり、もう結婚後のことでしたが、やはり戦時下に育たれたのでしょうか、一女性の「知らぬこと多し母となりても」という下の句のある歌を新聞で見、ああ私だけではなかったのだと少しほっとし、作者を親しい人に感じました。

皇室に上がってからは、昭和天皇と香淳皇后にお見守り頂く中、今上陛下にさまざまにお導き頂き今日までまいりました。長い昭和の時代を、多くの経験と共にお過ごしになられた昭和の両陛下からは、おそばに出ます度に多くの御教えを頂きました。那須の夕方提灯に灯を入れ、子どもたちと共に、当時まだ東宮殿下でいらした陛下にお伴して附属邸前の坂を降り、山百合の一杯咲く御用邸に伺った時のことを、この夏も同じ道を陛下と御一緒に歩き、懐かしみました。

いつまでも一緒にいられるように思っていた子どもたちも、一人ひとり配偶者を得、独立していきました。それぞれ個性の違う子どもたちで、どの子どもも本当に愛《いと》しく、大切に育てましたが、私の力の足りなかったところも多く、それでもそれぞれが、自分たちの努力でそれを補い、成長してくれたことは有難いことでした。子育てを含め、家庭を守る立場と、自分に課された務めを果たす立場を両立させていくために、これまで多くの職員の協力を得て来ています。社会の人々にも見守られ、支えられてまいりました。御手術後の陛下と、朝、葉山の町を歩いておりました時、うしろから来て気付かれたのでしょう、お勤めに出る途中らしい男性が少し先で車を止めて道を横切って来られ、「陛下よろしかったですね」と明るく云い、また車に走っていかれました。しみじみとした幸せを味わいました。

多くの人々の祈りの中で、昨年陛下がお健やかに傘寿をお迎えになり、うれしゅうございました。**50年以上にわたる御一緒の生活の中で、陛下は常に謙虚な方でいらっしゃり、また子どもたちや私を、時に厳しく、しかしどのような時にも寛容に導いて下さり、私が今日まで来られたのは、このお蔭であったと思います。**

80年前、私に生を与えてくれた両親は既に世を去り、私は母の生きた齢《とし》を越えました。嫁ぐ朝の母の無言の抱擁の思い出と共に、同じ朝「陛下と殿下の御心に添って生きるように」と諭してくれた父の言葉は、私にとり常に励ましであり指針でした。これからもそうあり続けることと思います。

問2　皇后さまは天皇陛下とともに国内外で慰霊の旅を続けて来られました。戦争を知らない世代が増えているなかで、来年戦後70年を迎えることについて今のお気持ちをお聞かせ下さい。

皇后陛下　今年8月に欧州では第一次大戦開戦から100年の式典が行われました。第一次、第二次と2度の大戦を敵味方として戦った国々の首脳が同じ場所に集い、共に未来の平和構築への思いを分かち合っている姿には胸を打たれるものがありました。

私は、今も終戦後のある日、ラジオを通し、A級戦犯に対する判決の言い渡しを聞いた時の強い恐怖を忘れることが出来ません。まだ中学生で、戦争から敗戦に至る事情や経緯につき知るところは少なく、従ってその時の感情は、戦犯個人個人への憎しみ等であろう筈はなく、恐らくは国と国民という、個人を越えた所のものに責任を負う立場があるということに対する、身の震うような怖れであったのだと思います。

戦後の日々、私が常に戦争や平和につき考えていたとは申せませんが、戦中戦後の記憶は、消し去るには強く、たしか以前にもお話ししておりますが、私はその後、自分がある区切りの年齢に達する都度、戦時下をその同じ年齢で過ごした人々がどんなであったろうか、と思いを巡らすことがよくありました。
まだ若い東宮妃であった頃、当時の東宮大夫から、著者が私にも目を通して欲しいと送って来られたという一冊の本を見せられました。長くシベリアに抑留されていた人の歌集で、中でも、帰国への期待をつのらせる中、今年も早蕨《さわらび》が羊歯《しだ》になって春が過ぎていくという一首が特に悲しく、この時以来、抑留者や外地で終戦を迎えた開拓民のこと、その人たちの引き揚げ後も続いた苦労等に、心を向けるようになりました。

最近新聞で、自らもハバロフスクで抑留生活を送った人が、十余年を費やしてシベリア抑留中の死者の名前、死亡場所等、出来る限り正確な名簿を作り終えて亡くなった記事を読み、心を打たれました。**戦争を経験した人や遺族それぞれの上に、長い戦後の日々があったことを改めて思います。**

第二次大戦では、島々を含む日本本土でも100万に近い人が亡くなりました。又、信じられない数の民間の船が徴用され、6万に及ぶ民間人の船員が、軍人や軍属、物資を運ぶ途上で船を沈められ亡くなっていることを、昭和46年に観音崎で行われた慰霊祭で知り、その後陛下とご一緒に何度かその場所を訪ねました。戦後70年の来年は、大勢の人たちの戦中戦後に思いを致す年になろうと思います。
世界のいさかいの多くが、何らかの報復という形をとってくり返し行われて来た中で、わが国の遺族会が、一貫して平和で戦争のない世界を願って活動を続けて来たことを尊く思っています。遺族の人たちの、自らの辛い体験を通して生まれた悲願を成就させるためにも、今、平和の恩恵に与っている私たち皆が、絶えず平和を志向し、国内外を問わず、争いや苦しみの芽となるものを摘み続ける努力を積み重ねていくことが大切ではないかと考えています。

問3　皇后さまは音楽、絵画、詩など様々な芸術・文化に親しんで来られました。皇后さまにとって芸術・文化はどのような意味を持ち、これまでどのようなお気持ちで触れて来られたのでしょうか。

皇后陛下　芸術―質問にある音楽や絵画、詩等―が自分にとりどのような意味を持つか、これまであまり考えたことがありませんでした。「それに接したことにより、喜びや、驚きを与えられ、その後の自分の物の感じ方や考え方に、何らかの影響を与えられてきたもの」と申せるでしょうか。子どもの頃、両親が自分たちの暮らしの許す範囲で芸術に親しみ、それを楽しんでいる姿を見、私も少しずつ文学や芸術に触れたいという気持ちになったよう記憶いたします。戦後、どちらかの親につれられ、限られた回数でも行くことの出来た日比谷公会堂での音楽会、丸善の売り場で、手にとっては見入っていた美しい画集類、父の日当たりのよい書斎にあった本などが、私の芸術に対する関心のささやかな出発点になっていたかと思います。

戦後長いこと、私の家では家族旅行の機会がなく、大学在学中か卒業後かに初めて、両親と妹、弟と共に京都に旅をする機会に恵まれました。しかし残念なことに、私は結婚まで奈良を知る機会を持ちません。結婚後、長いことあこがれていた飛鳥、奈良の文化の跡を訪ねることが出来、古代歌謡や万葉の歌のふるさとに出会い、歌に「山」と詠まれている、むしろ丘のような三山に驚いたり、背後のお山そのものが御神体である大神《おおみわ》神社の深い静けさや、御神社に所縁《ゆかり》のある花鎮《はなしず》めの祭りに心引かれたりいたしました。学生時代に、思いがけず奈良国立文化財研究所長の小林剛氏から、創元選書の「日本彫刻」を贈って頂き、「弥勒菩薩」や「阿修羅」、「日光菩薩」等の像や、東大寺燈篭の装飾「楽天」等の写真を感動をもって見たことも、私がこの時代の文化に漠然とした親しみとあこがれを持った一因であったかもしれません。

建造物や絵画、彫刻のように目に見える文化がある一方、ふとした折にこれは文化だ、と思わされる現象のようなものにも興味をひかれます。昭和42年の初めての訪伯の折、それより約60年前、ブラジルのサントス港に着いた日本移民の秩序ある行動と、その後に見えて来た勤勉、正直といった資質が、かの地の人々に、日本人の持つ文化の表れとし、驚きをもって受けとめられていたことを度々耳にしました。当時、遠く海を渡ったこれらの人々への敬意と感謝を覚えるとともに、異国からの移住者を受け入れ、直ちにその資質に着目し、これを評価する文化をすでに有していた大らかなブラジル国民に対しても、深い敬愛の念を抱いたことでした。

それぞれの国が持つ文化の特徴は、自ずとその国を旅する者に感じられるものではないでしょうか。これまで訪れた国々で、いずれも心はずむ文化との遭遇がありましたが、私は特に、ニエレレ大統領時代のタンザニアで、大統領は元より、ザンジバルやアルーシャで出会った何人かの人から「私たちはまだ貧しいが、国民の間に格差が生じるより、皆して少しずつ豊かになっていきたい」という言葉を聞いた時の、胸が熱くなるような感動を忘れません。少なからぬ数の国民が信念として持つ思いも、文化の一つの形ではないかと感じます。

東日本大震災の発生する何年も前から、釜石の中学校で津波に対する教育が継続して行われており、3年前、現実に津波がこの市を襲った時、校庭にいた中学生が即座に山に向かって走り、全校の生徒がこれに従い、自らの生命を守りました。将来一人でも多くの人を災害から守るために、胸の痛むことですが、日本はこれまでの災害の経験一つ一つに学び、しっかりとした防災の文化を築いていかなくてはならないと思います。

歓び事も多くありましたが、今年も又、集中豪雨や火山の噴火等、多くの痛ましい出来事がありました。犠牲者の冥福を祈り、遺族の方々の深い悲しみと、未だ、行方の分からぬ犠牲者の身内の方々の心労をお察しいたします。又この同じ山で、限りない困難に立ち向かい、救援や捜索に当たられた各県の関係者始め自衛隊、消防、警察、医療関係者、捜索の結果を待つ遺族に終始寄り添われた保健師の方々に、感謝をこめ敬意を表します。

皇后陛下　平成最後のお誕生日文書ご回答

（平成30年）

問　この1年も、西日本豪雨や北海道の地震をはじめとする自然災害など様々な出来事がありました。今のお立場で誕生日を迎えられるのは今年限りとなりますが、天皇陛下の退位まで半年余りとなったご心境をお聞かせ下さい。

皇后陛下　昨年の誕生日から今日まで、この1年も年初の大雪に始まり、地震、噴火、豪雨等、自然災害が各地で相次ぎ、世界でも同様の災害や猛暑による山火事、ハリケーン等が様々な場所で多くの被害をもたらしました。「バックウォーター」「走錨《そうびょう》」など、災害がなければ決して知ることのなかった語彙にも、悲しいことですが慣れていかなくてはなりません。日本の各地で、災害により犠牲になられた方々を心より悼み、残された方々のお悲しみを少しでも分け持てればと思っています。また被災した地域に、少しでも早く平穏な日常の戻るよう、そして寒さに向かうこれからの季節を、どうか被災された方々が健康を損なうことなく過ごされるよう祈っています。

そのような中、**時々に訪れる被災地では、被災者の静かに物事に耐える姿、**

そして恐らくは一人一人が大きな心の試練を経験しているだろう中で、健気に生きている子ども達の姿にいつも胸を打たれています。また、被害が激しく、あれ程までに困難の大きい中で、一人でも多くの人命を救おうと、日夜全力を挙げて救援に当たられる全ての人々に対し、深い敬意と感謝の念を抱いています。

約30年にわたる、陛下の「天皇」としてのお仕事への献身も、あと半年程で一つの区切りの時を迎えます。これまで「全身」と「全霊」双方をもって務めに当たっていらっしゃいましたが、加齢と共に徐々に「全身」をもって、という部分が果たせなくなることをお感じになり、政府と国民にそのお気持ちをお伝えになりました。5月からは皇太子が、陛下のこれまでと変わらず、心を込めてお役を果たしていくことを確信しています。

陛下は御譲位と共に、これまでなさって来た全ての公務から御身を引かれますが、以後もきっと、それまでと変わらず、国と人々のために祈り続けていらっしゃるのではないでしょうか。私も陛下のおそばで、これまで通り国と人々の上によき事を祈りつつ、これから皇太子と皇太子妃が築いてゆく新しい御代の安泰を祈り続けていきたいと思います。

24歳の時、想像すら出来なかったこの道に招かれ、大きな不安の中で、ただ陛下の御自身のお立場に対するゆるぎない御覚悟に深く心を打たれ、おそばに上がりました。そして振り返りますとあの御成婚の日以来今日まで、どのような時にもお立場としての義務は最優先であり、私事はそれに次ぐもの、というその時に伺ったお言葉のままに、陛下はこの60年に近い年月を過ごしていらっしゃいました。義務を一つ一つ果たしつつ、次第に国と国民への信頼と敬愛を深めていかれる御様子をお近くで感じとると共に、新憲法で定められた「象徴」（皇太子時代は将来の「象徴」）のお立場をいかに生きるかを模索し続ける御姿を見上げつつ過ごした日々を、今深い感慨と共に思い起こしています。

皇太子妃、皇后という立場を生きることは、私にとり決して易しいことではありませんでした。与えられた義務を果たしつつ、その都度新たに気付かされたことを心にとどめていく──そうした日々を重ねて、60年という歳月が流れたように思います。学生時代よく学長が「経験するだけでは足りない。経験したことに思いをめぐらすように」と云われたことを、幾度となく自分に云い聞かせてまいりました。その間、昭和天皇と香淳皇后の御姿からは計り知れぬお教えを賜り、陛下には時に厳しく、しかし限りなく優しく寛容にお導き頂きました。３人の子ども達は、誰も本当に可愛く、育児は眠さとの戦いでしたが、大きな喜びでした。これまで私の成長を助けて下さった全ての方々に深く感謝しております。

陛下の御譲位後は、陛下の御健康をお見守りしつつ、御一緒に穏やかな日々を過ごしていかれればと願っています。そうした中で、これまでと同じく日本や世界の出来事に目を向け、心を寄せ続けていければと思っています。例えば、陛下や私の若い日と重なって始まる拉致被害者の問題などは、平成の時代の終焉と共に急に私どもの脳裏から離れてしまうというものではありません。これからも家族の方たちの気持ちに陰ながら寄り添っていきたいと思います。

先々《さきざき》には、仙洞《せんとう》御所となる今の東宮御所に移ることになりますが、かつて30年程住まったあちらの御所には、入り陽《ひ》の見える窓を持つ一室があり、若い頃、よくその窓から夕焼けを見ていました。３人の子ども達も皆この御所で育ち、戻りましたらどんなに懐かしく当時を思い起こす事と思います。

赤坂に移る前に、ひとまず高輪の旧高松宮邸《たかまつのみやてい》であったところに移居いたします。昨年、何年ぶりかに宮邸《みやてい》を見に参りましたが、両殿下の薨去よりかなりの年月が経ちますのに、お住居の隅々まできれいで、管理を任されていた旧奉仕者が、夫妻2人して懸命にお守りして来たことを知り、深く心を打たれました。出来るだけ手を入れず、宮邸であった当時の姿を保ったままで住みたいと、陛下とお話しし合っております。

公務を離れたら何かすることを考えているかとこの頃よく尋ねられるのですが、これまでにいつか読みたいと思って求めたまま、手つかずになっていた本を、これからは1冊ずつ時間をかけ読めるのではないかと楽しみにしています。読み出すとつい夢中になるため、これまで出来るだけ遠ざけていた探偵小説も、もう安心して手許に置けます。ジーヴスも2、3冊待機しています。

また赤坂の広い庭のどこかによい土地を見つけ、マクワウリを作ってみたいと思っています。こちらの御所に移居してすぐ、陛下の御田《おた》の近くに1畳にも満たない広さの畠があり、そこにマクワウリが幾つかなっているのを見、大層懐かしく思いました。頂いてもよろしいか陛下に伺うと、大変に真面目なお顔で、これはいけない、神様に差し上げる物だからと仰せで、6月の大祓《おおはらい》の日に用いられることを教えて下さいました。大変な瓜田《かでん》に踏み入るところでした。それ以来、いつかあの懐かしいマクワウリを自分でも作ってみたいと思っていました。

皇太子、天皇としての長いお務めを全うされ、やがて85歳におなりの陛下が、これまでのお疲れをいやされるためにも、これからの日々を赤坂の恵まれた自然の中でお過ごしになれることに、心の安らぎを覚えています。

しばらく離れていた懐かしい御用地が、今どのようになっているか。日本タンポポはどのくらい残っているか、その増減がいつも気になっている日本蜜蜂は無事に生息し続けているか等を見廻り、陛下が関心をお持ちの狸の好きなイヌビワの木なども御一緒に植えながら、残された日々を、静かに心豊かに過ごしていけるよう願っています。

（参考）

1 「ジーヴス」　イギリスの作家P・G・ウッドハウスによる探偵小説『ジーヴズの事件簿』に登場する執事ジーヴズ

2 「大変な瓜田に踏み入るところでした」　広く知られている言い習わしに「瓜田《かでん》に履《くつ》を納《い》れず」（瓜畑《うりばたけ》で靴を履《は》き直すと瓜を盗むのかと疑われるのですべきではないとの意から、疑念を招くような行為は避けるようにとの戒め）がある。

天皇陛下　平成最後のお誕生日記者会見

（平成30年12月20日）

問　天皇陛下として迎えられる最後の誕生日となりました。陛下が皇后さまとともに歩まれてきた日々はまもなく区切りを迎え、皇室は新たな世代が担っていくこととなります。現在のご心境とともに、いま国民に伝えたいことをお聞かせ下さい。

天皇陛下　この1年を振り返るとき、例年にも増して多かった災害のことは忘れられません。集中豪雨、地震、そして台風などによって多くの人の命が落とされ、また、それまでの生活の基盤を失いました。新聞やテレビを通して災害の様子を知り、また、後日幾つかの被災地を訪れて災害の状況を実際に見ましたが、自然の力は想像を絶するものでした。命を失った人々に追悼の意を表するとともに、被害を受けた人々が1日も早く元の生活を取り戻せるよう願っています。

ちなみに私が初めて被災地を訪問したのは、昭和34年、昭和天皇の名代として、伊勢湾台風の被害を受けた地域を訪れた時のことでした。

今年も暮れようとしており、来年春の私の譲位の日も近づいてきています。

私は即位以来、日本国憲法の下で象徴と位置付けられた天皇の望ましい在り方を求めながらその務めを行い、今日までを過ごしてきました。譲位の日を迎えるまで、引き続きその在り方を求めながら、日々の務めを行っていきたいと思います。

第二次世界大戦後の国際社会は、東西の冷戦構造の下にありましたが、平成元年の秋にベルリンの壁が崩れ、冷戦は終焉《しゅうえん》を迎え、これからの国際社会は平和な時を迎えるのではないかと希望を持ちました。しかしその後の世界の動きは、必ずしも望んだ方向には進みませんでした。世界各地で民族紛争や宗教による対立が発生し、また、テロにより多くの犠牲者が生まれ、さらには、多数の難民が苦難の日々を送っていることに、心が痛みます。

以上のような世界情勢の中で日本は戦後の道のりを歩んできました。終戦を11歳で迎え、昭和27年、18歳の時に成年式、次いで立太子礼を挙げました。その年にサンフランシスコ平和条約が発効し、日本は国際社会への復帰を遂げ、次々と我が国に着任する各国大公使を迎えたことを覚えています。そしてその翌年、英国のエリザベス二世女王陛下の戴冠式に参列し、その前後、半年余りにわたり諸外国を訪問しました。それから65年の歳月が流れ、国民皆の努力によって、我が国は国際社会の中で一歩一歩と歩みを進め、平和と繁栄を築いてきました。昭和28年に奄美群島の復帰が、昭和43年に小笠原諸島の復帰が、そして昭和47年に沖縄の復帰が成し遂げられました。沖縄は、先の大戦を含め実に長い苦難の歴史をたどってきました。**皇太子時代を含め、私は皇后と共に11回訪問を重ね、その歴史や文化を理解するよう努めてきました。沖縄の人々が耐え続けた犠牲に心を寄せていくとの私どもの思いは、これからも変わることはありません。**

そうした中で平成の時代に入り、戦後50年、60年、70年の節目の年を迎えました。先の大戦で多くの人命が失われ、また、我が国の戦後の平和と繁栄が、このような多くの犠牲と国民のたゆみない努力によって築かれたものであることを忘れず、戦後生まれの人々にもこのことを正しく伝えていくことが大切であると思ってきました。**平成が戦争のない時代として終わろうとしていることに、心から安堵《ど》しています。**

そして、戦後60年にサイパン島を、戦後70年にパラオのペリリュー島を、更にその翌年フィリピンのカリラヤを慰霊のため訪問したことは忘れられません。皇后と私の訪問を温かく受け入れてくれた各国に感謝します。

次に心に残るのは災害のことです。平成3年の雲仙・普賢岳の噴火、平成5年の北海道南西沖地震と奥尻島の津波被害に始まり、平成7年の阪神・淡路大震災、平成23年の東日本大震災など数多くの災害が起こり、多くの人命が失われ、数知れぬ人々が被害を受けたことに言葉に尽くせぬ悲しみを覚えます。ただ、その中で、人々の間にボランティア活動を始め様々な助け合いの気持ちが育まれ、防災に対する意識と対応が高まってきたことには勇気付けられます。また、災害が発生した時に規律正しく対応する人々の姿には、いつも心を打たれています。

障害者を始め困難を抱えている人に心を寄せていくことも、私どもの大切な務めと思い、過ごしてきました。障害者のスポーツは、ヨーロッパでリハビリテーションのために始まったものでしたが、それを越えて、障害者自身がスポーツを楽しみ、さらに、それを見る人も楽しむスポーツとなることを私どもは願ってきました。パラリンピックを始め、国内で毎年行われる全国障害者スポーツ大会を、皆が楽しんでいることを感慨深く思います。

今年、我が国から海外への移住が始まって150年を迎えました。この間、多くの日本人は、赴いた地の人々の助けを受けながら努力を重ね、その社会の一員として活躍するようになりました。こうした日系の人たちの努力を思いながら、各国を訪れた際には、できる限り会う機会を持ってきました。そして近年、多くの外国人が我が国で働くようになりました。私どもがフィリピンやベトナムを訪問した際も、将来日本で職業に就くことを目指してその準備に励んでいる人たちと会いました。日系の人たちが各国で助けを受けながら、それぞれの社会の一員として活躍していることに思いを致しつつ、各国から我が国に来て仕事をする人々を、社会の一員として私ども皆が温かく迎えることができるよう願っています。また、外国からの訪問者も年々増えています。この訪問者が我が国を自らの目で見て理解を深め、各国との親善友好関係が進むことを願っています。

明年4月に結婚60年を迎えます。結婚以来皇后は、常に私と歩みを共にし、私の考えを理解し、私の立場と務めを支えてきてくれました。また、昭和天皇を始め私とつながる人々を大切にし、愛情深く3人の子供を育てました。振り返れば、私は成年皇族として人生の旅を歩み始めて程なく、現在の皇后と出会い、深い信頼の下、同伴を求め、爾来《じらい》この伴侶と共に、これまでの旅を続けてきました。天皇としての旅を終えようとしている今、私はこれまで、象徴としての私の立場を受け入れ、私を支え続けてくれた多くの国民に衷心より感謝するとともに、自らも国民の一人であった皇后が、私の人生の旅に加わり、60年という長い年月、皇室と国民の双方への献身を、真心を持って果たしてきたことを、心から労《ねぎら》いたく思います。

　そして、来年春に私は譲位し、新しい時代が始まります。多くの関係者がこのための準備に当たってくれていることに感謝しています。新しい時代において、天皇となる皇太子とそれを支える秋篠宮は共に多くの経験を積み重ねてきており、皇室の伝統を引き継ぎながら、日々変わりゆく社会に応じつつ道を歩んでいくことと思います。

　今年もあと僅かとなりました。国民の皆が良い年となるよう願っています。

東北地方太平洋沖地震に関する天皇陛下のおことば

（平成23年3月16日）

この度の東北地方太平洋沖地震は、マグニチュード9・0という例を見ない規模の巨大地震であり、被災地の悲惨な状況に深く心を痛めています。地震や津波による死者の数は日を追って増加し、犠牲者が何人になるのかも分かりません。一人でも多くの人の無事が確認されることを願っています。また、現在、原子力発電所の状況が予断を許さぬものであることを深く案じ、関係者の尽力により事態の更なる悪化が回避されることを切に願っています。

現在、国を挙げての救援活動が進められていますが、厳しい寒さの中で、多くの人々が、食糧、飲料水、燃料などの不足により、極めて苦しい避難生活を余儀なくされています。その速やかな救済のために全力を挙げることにより、被災者の状況が少しでも好転し、人々の復興への希望につながっていくことを心から願わずにはいられません。そして、何にも増して、この大災害を生き抜き、被災者としての自らを励ましつつ、これからの日々を生きようとしている人々の雄々しさに深く胸を打たれています。

自衛隊、警察、消防、海上保安庁を始めとする国や地方自治体の人々、諸外国から救援のために来日した人々、国内の様々な救援組織に属する人々が、余震の続く危険な状況の中で、日夜救援活動を進めている努力に感謝し、その労を深くねぎらいたく思います。

今回、世界各国の元首から相次いでお見舞いの電報が届き、その多くに各国国民の気持ちが被災者と共にあるとの言葉が添えられていました。これを被災地の人々にお伝えします。

海外においては、この深い悲しみの中で、日本人が、取り乱すことなく助け合い、秩序ある対応を示していることに触れた論調も多いと聞いています。これからも皆が相携え、いたわり合って、この不幸な時期を乗り越えることを衷心より願っています。

被災者のこれからの苦難の日々を、私たち皆が、様々な形で少しでも多く分かち合っていくことが大切であろうと思います。被災した人々が決して希望を捨てることなく、身体《からだ》を大切に明日からの日々を生き抜いてくれるよう、また、国民一人びとりが、被災した各地域の上にこれからも長く心を寄せ、被災者と共にそれぞれの地域の復興の道のりを見守り続けていくことを心より願っています。

象徴としてのお務めについての天皇陛下のおことば

（平成28年8月8日）

戦後70年という大きな節目を過ぎ、2年後には、平成30年を迎えます。

私も80を越え、体力の面などから様々な制約を覚えることもあり、ここ数年、天皇としての自らの歩みを振り返るとともに、この先の自分の在り方や務めにつき、思いを致すようになりました。

本日は、社会の高齢化が進む中、天皇もまた高齢となった場合、どのような在り方が望ましいか、天皇という立場上、現行の皇室制度に具体的に触れることは控えながら、私が個人として、これまでに考えて来たことを話したいと思います。

即位以来、私は国事行為を行うと共に、日本国憲法下で象徴と位置づけられた天皇の望ましい在り方を、日々模索しつつ過ごして来ました。伝統の継承者として、これを守り続ける責任に深く思いを致し、更に日々新たになる日本と世界の中にあって、日本の皇室が、いかに伝統を現代に生かし、いきいきとして社会に内在し、人々の期待に応えていくかを考えつつ、今日に至っています。

そのような中、何年か前のことになりますが、2度の外科手術を受け、加えて高齢による体力の低下を覚えるようになった頃から、これから先、従来のように重い務めを果たすことが困難になった場合、どのように身を処していくことが、国にとり、国民にとり、また、私のあとを歩む皇族にとり良いことであるかにつき、考えるようになりました。既に80を越え、幸いに健康であるとは申せ、次第に進む身体の衰えを考慮する時、これまでのように、全身全霊をもって象徴の務めを果たしていくことが、難しくなるのではないかと案じています。

私が天皇の位についてから、ほぼ28年、この間《かん》私は、我が国における多くの喜びの時、また悲しみの時を、人々と共に過ごして来ました。私はこれまで天皇の務めとして、何よりもまず国民の安寧と幸せを祈ることを大切に考えて来ましたが、同時に事にあたっては、時として人々の傍らに立ち、その声に耳を傾け、思いに寄り添うことも大切なことと考えて来ました。天皇が象徴であると共に、国民統合の象徴としての役割を果たすためには、天皇が国民に、天皇という象徴の立場への理解を求めると共に、天皇もまた、自らのありように深く心し、国民に対する理解を深め、常に国民と共にある自覚を自らの内に育てる必要を感じて来ました。こうした意味において、日本の各地、とりわけ遠隔の地や島々への旅も、私は天皇の象徴的行為として、大切なものと感じて来ました。皇太子の時代も含め、これまで私が皇后と共に行《おこな》って来たほぼ全国に及ぶ旅は、国内のどこにおいても、その地域を愛し、その共同体を地道に支える市井《しせい》の人々のあることを私に認識させ、私がこの認識をもって、天皇として大切な、国民を思い、国民のために祈るという務めを、人々への深い信頼と敬愛をもってなし得たことは、幸せなことでした。

天皇の高齢化に伴う対処の仕方が、国事行為や、その象徴としての行為を限りなく縮小していくことには、無理があろうと思われます。また、天皇が未成年であったり、重病などによりその機能を果たし得なくなった場合には、天皇の行為を代行する摂政を置くことも考えられます。しかし、この場合も、天皇が十分にその立場に求められる務めを果たせぬまま、生涯の終わりに至るまで天皇であり続けることに変わりはありません。

　天皇が健康を損ない、深刻な状態に立ち至った場合、これまでにも見られたように、社会が停滞し、国民の暮らしにも様々な影響が及ぶことが懸念されます。更にこれまでの皇室のしきたりとして、天皇の終焉に当たっては、重い殯《もがり》の行事が連日ほぼ2ヶ月にわたって続き、その後喪儀《そうぎ》に関連する行事が、1年間続きます。その様々な行事と、新時代に関わる諸行事が同時に進行することから、行事に関わる人々、とりわけ残される家族は、非常に厳しい状況下に置かれざるを得ません。こうした事態を避けることは出来ないものだろうかとの思いが、胸に去来することもあります。

　始めにも述べましたように、憲法の下《もと》、天皇は国政に関する権能を有しません。そうした中で、このたび我が国の長い天皇の歴史を改めて振り返りつつ、これからも皇室がどのような時にも国民と共にあり、相たずさえてこの国の未来を築いていけるよう、そして象徴天皇の務めが常に途切れることなく、安定的に続いていくことをひとえに念じ、ここに私の気持ちをお話しいたしました。

　国民の理解を得られることを、切に願っています。

天皇陛下
御在位三十年記念式典でのおことば

（平成31年2月24日）

在位三十年に当たり、政府並びに国の内外から寄せられた祝意に対し、深く感謝いたします。

即位から30年、こと多く過ぎた日々を振り返り、今日《こんにち》こうして国の内外の祝意に包まれ、このような日を迎えることを誠に感慨深く思います。

平成の30年間、日本は国民の平和を希求する強い意志に支えられ、近現代において初めて戦争を経験せぬ時代を持ちましたが、それはまた、決して平坦な時代ではなく、多くの予想せぬ困難に直面した時代でもありました。世界は気候変動の周期に入り、我が国も多くの自然災害に襲われ、また高齢化、少子化による人口構造の変化から、過去に経験のない多くの社会現象にも直面しました。島国として比較的恵まれた形で独自の文化を育ててきた我が国も、今、グローバル化する世界の中で、更に外に向かって開かれ、その中で叡智《えいち》を持って自らの立場を確立し、誠意を持って他国との関係を構築していくことが求められているのではないかと思います。

天皇として即位して以来今日《こんにち》まで、日々国の安寧と人々の幸せを祈り、象徴としていかにあるべきかを考えつつ過ごしてきました。しかし憲法で定められた象徴としての天皇像を模索する道は果てしなく遠く、これから先、私を継いでいく人たちが、次の時代、更に次の時代と象徴のあるべき姿を求め、先立つこの時代の象徴像を補い続けていってくれることを願っています。

天皇としてのこれまでの務めを、人々の助けを得て行うことができたことは幸せなことでした。これまでの私の全ての仕事は、国の組織の同意と支持のもと、初めて行い得たものであり、私がこれまで果たすべき務めを果たしてこられたのは、その統合の象徴であることに、誇りと喜びを持つことのできるこの国の人々の存在と、過去から今に至る長い年月に、日本人がつくり上げてきた、この国の持つ民度のお陰でした。災害の相次いだこの30年を通し、不幸にも被災の地で多くの悲しみに遭遇しながらも、健気《けなげ》に耐え抜いてきた人々、そして被災地の哀《かな》しみを我が事とし、様々な形で寄り添い続けてきた全国の人々の姿は、私の在位中の忘れ難い記憶の一つです。

今日この機会に、日本が苦しみと悲しみのさ中にあった時、少なからぬ関心を寄せられた諸外国の方々にも、お礼の気持ちを述べたく思います。数知れぬ多くの国や国際機関、また地域が、心のこもった援助を与えてくださいました。心より深く感謝いたします。

平成が始まって間もなく、皇后は感慨のこもった一首の歌を記しています。

ともどもに平《たひ》らけき代《よ》を築かむと諸人《もろびと》のことば国うちに充《み》つ

平成は昭和天皇の崩御と共に、深い悲しみに沈む涼闇《りょうあん》の中に歩みを始めました。そのような時でしたから、この歌にある「言葉」は、決して声高に語られたものではありませんでした。

しかしこの頃、全国各地より寄せられた「私たちも皇室と共に平和な日本をつくっていく」という静かな中にも決意に満ちた言葉を、私どもは今も大切に心にとどめています。

在位三十年に当たり、今日《こんにち》このような式典を催してくださった皆様に厚く感謝の意を表し、ここに改めて、我が国と世界の人々の安寧と幸せを祈ります。

デザイン　坂本浪男
校　　閲　聚珍社
編　　集　『皇室』編集部　岡田尚子

協　　力　公益財団法人日本文化興隆財団
写　　真　宮内庁
東京写真記者協会代表取材
日本雑誌協会代表取材
扶桑社

平成の天皇・皇后両陛下　珠玉のおことば

発行日　平成31年4月10日　初版第1刷発行

発行者　久保田榮一
発行所　株式会社 扶桑社
〒105-8070
東京都港区芝浦1-1-1　浜松町ビルディング
電話　03-6368-8879（編集）
03-6368-8891（郵便室）
ホームページ　www.fusosha.co.jp

印刷・製本　大日本印刷株式会社

定価はカバーに表示してあります。

ISBN　978-4-594-08188-1